다니엘 프로젝트

HOLY HABIT

21일, 거룩한 습관을 이식하라

다니엘 프로젝트

김은호 지음

다니엘의 영적 **DNA**를 가슴에 품고 선한 영향력을 발휘하라!

MOVEMENT

넘치는샘

『다니엘 프로젝트』는 저자의 깊은 연구와 묵상과 경험을 통해 태어난 보석 같은 작품입니다. 저자는 훌륭한 설교자, 진실한 목회자, 그리고 탁월한 지도자입니다. 저자는 그동안 놀라운 과업을 성취하였으며, 다니엘기도회를 통해 조국 교회와 이민 교회에 선한 영향력을 끼쳤습니다. 리더십은 영향력이며, 시대를 읽고 시대에 주어진 과업을 성취하는 능력입니다.

저자는 다니엘을 통해 변하지 않는 거룩한 영적 습관을 전수해 줍니다. 조국 교회와 이민 교회의 건강한 영성 관리를 위해 필요한 원리를 전수해 줍니다. 급변하는 시대에 절대 변하지 않는 본질을 제시해 줍니다. 시대를 올바로 읽고 시대를 초월하는 능력을 제시하며, 생명의 원천이 되시는 하나님께 거듭 돌아가게 만들어 줍니다.

다니엘의 DNA를 다음 세대에 전달하려는 저자의 거룩한 갈망이 페이지마다 스며들어 있음을 느낍니다. 저자의 지칠 줄 모르는 열정과 눈부신 끈기는 울림과 감동을 줍니다. 영적 노안을 극복하도록 도와주는 이 책은 세대를 초월하여 모든 세대가 함께 읽어야 할 필독서입니다.

다니엘의 거룩한 습관을 따라 살기를 원하는 분들에게 이 책을 추천합니다. 특별히 다니엘과 같은 자녀를 키우기 원하는 부모님에게

추천합니다. 또한, 일평생 목회를 통해 터득한 저자의 농축된 지혜를
배우기 원하는 분들, 다음세대에게 다니엘의 DNA를 함께 전수하기
원하는 사역자들에게 추천합니다.

강준민 목사(L.A. 새생명비전교회 담임)

사역의 영향력은 '지속성'에 달려 있다고 해도 과언이 아닙니다. 한
국교회와 디아스포라 교회 그리고 세계 교회를 향한 '다니엘기도회'
의 영향력은 비견할 만한 것을 찾기 힘듭니다. 이때 존경하는 김은
호 목사님의 조기 은퇴 소식을 듣고 '어쩌나?' 하는 걱정의 소리가 있
었던 것도 사실입니다. 그러나 『다니엘 프로젝트』의 출발은 몰려 오
던 먹구름을 날려 버리기에 충분했습니다. DNA Ministry를 통해 하
나님이 하실 일에 대한 더욱 큰 기대와 열망이 다가옵니다. 목사님의
사역이 『다니엘 프로젝트』로 지속·확장됨을 기쁘게 생각하며, 더욱
범세계적으로 영향력이 확장하는 계기가 되리라 믿습니다. 여기에
축하의 말씀과 더불어 『다니엘 프로젝트』가 더 뜻깊게 쓰이기를 바
라며 강력 추천합니다.

김한요 목사(어바인 베델교회 담임, 베델 클레시컬 아카데미 재단 이사장)

김은호 목사님은 이 시대의 초교파적 예배 부흥과 기도 연합을 일으킨 영적 리더입니다. 한 사람의 영적 리더를 통해 태동한 사역이 21일 간 매일 저녁 한국교회 성도를 예배 앞에 규합시켰던 것을 생각하면 마음이 벅차오릅니다. 그리고 이제 목사님의 다음 영적 행보로서 다니엘 프로젝트를 주목하지 않을 수 없습니다.

목사님의 선구자적 비전은 이 시대 영혼들의 결핍과 필요를 관통합니다. 『다니엘 프로젝트』 역시 마찬가지입니다. 목사님의 거룩한 영향력이 이 책을 읽는 수많은 독자를 다시 진리와 성령 안에서 새로운 삶을 결단하고 살아 내도록 도전할 것입니다. 이 책이 이 시대의 다니엘로서 더 깊은 부르심으로 나아가는 성도의 삶에 매우 통찰력 있는 영적 지침서가 되어 주리라 확신합니다.

무엇보다 이 책을 통해 다니엘의 DNA가 나의 영혼 깊은 곳에 이식되고, 목사님의 영적 안목과 신앙의 연륜을 본받을 수 있음에 벅찬 기대를 품고 서둘러 책장을 넘겨 봅니다.

원유경 목사(포드처치 담임)

바벨론과 같은 세상을 이끌어 갈 다니엘과 같은 하나님의 사람이 너무나도 절실한 시대입니다. 이 책은 21일 동안 다니엘의 영적 DNA를 우리 가슴에 심어 줍니다. 그동안은 다니엘의 영적 DNA를 정확하면서도 강력하게 우리 마음에 심어 주는 책이 없었습니다. 특별히 다음세대가 다니엘의 영성을 본받아, 세상에서 빛과 소금의 역할을 감당하는 그리스도인으로 성숙해져 가도록 도울 것을 기대하며 추천합니다.

유기성 목사(선한목자교회 원로, 위지엠 이사장)

『다니엘 프로젝트』는 지난 35년간 이어 온 김은호 목사님의 목회의 열매입니다. 책을 읽으며 한국교회와 다음세대를 향한 목사님의 담대한 꿈을 느낄 수 있었습니다. 이 책과 함께하는 21일간의 믿음의 여정은 세상 속에서 그리스도인으로 부르심을 받은 우리를 하늘의 별과 같이 빛나는 삶으로 인도할 것입니다.

이재훈 목사(온누리교회 담임)

세상은 점점 더 바벨론화 되어 가는데, 안타깝게도 다니엘 같은 인물은 점점 더 희귀해지고 있습니다. 다니엘의 삶을 묵상해 보면 "영웅은 태어나는 것이 아니라 만들어지는 것이다"라는 말이 떠오릅니다. 다니엘은 기다린다고 등장하는 것이 아니라, 거룩한 영적 습관으로 빚어지고 만들어지는 것입니다. 『다니엘 프로젝트』는 바벨론과 같은 세상에 등판시킬 하나님의 사람을 만드는 지침서입니다. 존경하는 김은호 목사님께서 평생 목회를 통해 터득한 하나님 사람 만들기 노하우를 이 책에 눌러 담았습니다. 오늘날의 모든 잠재적 다니엘들에게 이 책을 적극 추천합니다.

최병락 목사(강남중앙침례교회 담임, 월드사역연구소장)

이 시대의 다니엘을 세우라

오늘날 우리는 'AI', '딥 러닝', '챗GPT'와 같은 용어를 익숙하게 사용한다. 불과 몇 년 전만 해도 낯설었던 개념들이 익숙한 단어로 자리 잡았다. 그만큼 세상이 바뀌었고, 바뀌는 속도 역시 빨라졌다. 세상에 적응하기 위해 이전보다 더 많은 지혜와 에너지가 필요한 상황에 놓인 것이다. 이처럼 낯선 시대를 살아가는 현대인에게 가장 필요한 것은 바로 '다니엘의 영적 DNA'다. 얼핏 이해되지 않는 말일 수 있다. '2,500년 전 살았던 다니엘이 인공지능 시대를 살아가는 우리에게 무슨 도움이 되는가?'라고 생각할 수도 있다. 그러나 다니엘에게는 시대가 변하고, 세상이 변해도 절대 흔들리지 않는 '영적 습관'이 있었다. 다니엘의 영적 DNA란 바로 이 '습관'을 의미한다. 다니엘의 영적 습관은 시대를 막론하고 모든 하나님의 사람에게 필요하다. 그렇다면 다니엘의 영적 DNA란 무엇일까?

첫째, 다니엘은 급변하는 세상 속에서 변함없는 하나님의 말씀으로 살았다.

다니엘이 사는 동안 세상에는 여러 번의 거대한 변화가 있었다. 다니엘이 태어난 곳은 남유다이다. 그러나 바벨론의 침략으로 남유다는 멸망했고, 다니엘은 바벨론에 포로로 끌려가 바벨론 왕들을 섬기게 되었다. 이후 바벨론 역시 멸망하게 되고 새로운 바사 제국이 등장했다. 사회가 아닌 시대가 바뀌었다. 세태가 아닌 세상이 변했다. 그러나 다니엘은 이렇게 급변하는 세상 속에서도 변함없이 하나님의 사람으로 살았다. 물론 쉬운 일은 아니었다. 그의 삶에는 계속되는 영적 씨름과 고난이 있었다. 그럼에도 다니엘은 모든 역경을 이겨 내고 세상의 중심에서 당당히 하나님의 영광을 드러냈다.

다니엘이 수많은 영적 전쟁에서 승리할 수 있었던 비결은 '하나님의 말씀'이다. 그는 세상의 대세를 따르지 않고, 하나님의 말씀을 삶의 기준으로 삼았다. 세계관이 어떻게 급변하는지와 상관없이 성경적 세계관을 가지고 있었기에 흔들리지 않았다.

다니엘은 하나님의 말씀대로 살았고, 말씀 때문에 수없이 세상과 부딪혔다. 말씀대로 살다가 사자 굴에 던져졌고, 다니엘의 친구들 역시 풀무 불에 들어가야 했다. 그러나 하나님은 자신의 말씀을 지키고 의지하는 다니엘과 친구들을 지키셨다. 다니엘이 하나님의 말씀을 지키자, 오히려 그 말씀이 다니엘을 지키고 보호한 것이다.

하나님은 하나님의 말씀을 지키는 자를 보호하신다. 세상의 풍파가 아무리 거세도 말씀에 닻을 내린 사람은 요동하지 않는다. '말씀대로 사는 삶', 이것이 바로 다니엘이 보여 준 첫 번째 영적 DNA이다.

둘째, 다니엘은 세상의 중심에서 거룩한 영적 습관을 갖고 살았다.

다니엘은 바벨론과 바사의 왕궁에서 살았다. 왕궁은 세상의 모든 문화가 모인 곳이자 세상의 중심이었다. 오늘날 많은 사람이 세상의 문화에 휩쓸려 살아간다. 세상의 시류가 사람들을 덮쳤고, 삶의 모양새도 제각각 흩어 버렸다. 평일과 주말의 경계선은 사라졌고, 낮과 밤의 경계도 모호한 채 각자 주어진 일을 따라 분주하게 살아간다. 내가 세운 일정표가 아닌 세상이 정해 준 일정표에 자신을 맞춰 살아가는 것이다. 그러나 다니엘은 그렇지 않았다. 다니엘은 오늘날의 국무총리와 같은 직무를 맡고 있었다. 대제국의 일을 처리해야 하는 위치에 있었으니 얼마나 바빴겠는가? 얼마나 일이 많았겠는가? 그럼에도 다니엘은 변함없이 하루 세 번, 하나님 앞에 엎드려 기도했다. 세상의 시간표가 아닌 하나님의 시간표를 따라 살았다. 그에게는 결코 타협할 수 없는 거룩한 영적인 습관이 있었다.

우리는 '습관적'이라는 꾸밈말 때문에 습관을 부정적으로 인식하곤 한다. 습관을 갖고 반복적으로 하는 행동을 형식적인 것으로 치부한다. 그러나 습관만큼 무서운 것은 없다. 습관이 되었다는 것은 '고민하지 않는다'라는 말이기 때문이다. 습관대로 행하기까지 다른 무언가와 타협하지 않는다는 의미이다. 다니엘은 하루 세 번 정해진 시간에 기도했다. 기도하면 죽게 된다는 것을 알면서도 습관을 따라 기도했다. 이것이 바로 습관이 가진 위대한 힘이다.

우리는 수많은 걱정과 생각을 품고 살아간다. 무언가를 결정하기에 앞서 수많은 생각이 머릿속을 헤집고 다닌다. 그때 고민하지 않고 하나님께 무릎을 꿇게 하는 것이 바로 기도의 습관이다. 그렇기에 습관은 분주한 우리의 삶을 하나님께 붙들어 매는 영적 무기가 된다. 반대로 말하면, 거룩한 영적 습관이 없이는 결코 영적 전쟁에서 승리할 수 없다. 거룩한 습관, 이것이 다니엘의 두 번째 영적 DNA이다.

다니엘의 영적 DNA는 우리 삶의 '우선순위'를 세워 준다. 우리는 일상의 분주함에 빠져 중요한 것을 뒤로 미루고, 당장 해결해야 할 일에 몰두하는 경향이 있다. 우리의 영혼이 허물어져 가고 있음에도 그보다 덜 중요한 일에 매달려 있는 것이다. 그러나 일을 열심히 해서 아무리 좋은 성과를 내더라도 건강이 무너지면 소용없듯이, 영혼의 건강을 세우는 것이 그 무엇보다 중요하다.

영혼의 건강을 잃으면 우리 인생은 방황하게 된다. 삶의 방향을 잃은 채 그저 세상의 시류에 휩쓸려 살게 된다. 세상에서 어떤 명성을 가졌든, 얼마나 많은 부를 가졌든 상관없이 영적 표류 상태에 빠지게 되고 만다. 그렇기에 우리는 다니엘의 영적 DNA를 이식해야 한다. 급변하는 세상 속에서 흔들리지 않도록 신앙의 우선순위를 세워야 한다.

"너희는 먼저 그의 나라와 그의 의를 구하라"_마 6:33

예수님께서 하나님 나라를 설명하실 때 중요하게 말씀하신 것이 '우선순위'의 문제였다. 하나님의 나라를 먼저 구해야 한다. 하나님 나라를 맛본 사람은 인생의 '먼저'가 바뀌게 된다. 인생의 방향이 변화하여 하나님 나라를 가장 우선시한다.

인생이 복잡할수록 해답은 단순하다. 하나님 나라가 먼저이다. 그리고 이를 위해선 우리 삶에 거룩한 영적 습관이 세워져야 한다. 이 책을 읽는 모두에게 다니엘의 영적 DNA가 이식되기를 소망한다.

이 책을 집필하면서 35년간의 사역을 돌아보게 되었다. 그리고 그 어느 때보다도 다니엘의 영적 DNA가 필요한 시기라는 확신이 들었다. 이 책이 오늘날 바벨론을 살아가는 수많은 다니엘에게 영적 불쏘시개가 되길 소망한다. 더불어 이 책이 출간되기까지 함께 동역해 준 이들에게 감사의 뜻을 전한다. 늘 진실하게 전심으로 동역해 준 아내 정송이 사모와 오륜교회의 모든 성도 그리고 함께 책을 정리한 박상모 목사, 양명환 목사, 이병민 목사,

문종성 목사, 박담훈 목사에게 감사의 마음을 전한다. 더불어 이 책을 통해 거룩한 영적 습관으로 무장될 믿음의 동역자들에게도 미리 감사의 뜻을 전한다.

21일의 여정을 통해 하나님의 말씀에 깊이 닻을 내리는, 세상과 타협하지 않는 이 시대의 다니엘이 세워지기를 축복한다.

오륜교회 설립목사
DNA Ministry 대표 김은호

Contents

Part 1
다니엘과 같은 영성을 가지라

Part 2
거룩한 삶의 패턴을 가지라

Part 3
간증의 주인공이 되라

다니엘은 뜻을 정하여 왕의 음식과
그가 마시는 포도주로
자기를 더럽히지 아니하리라 하고
자기를 더럽히지 아니하도록
환관장에게 구하니
【 단 1:8 】

PART 1

다니엘과 같은
영성을 가지라

DAY 1

뜻을 정하라,
하나님이 목적하신 자리에
마음을 두라

HOLY
HABIT

MOVEMENT

【 **A**pproach ǀ 도입 】

화이트 아웃

눈보라가 몰아치는 날을 떠올려 보라. 도로의 차선이 보이지 않고, 길을 걷는데 시야가 확보되지 않는다. 눈이 오는 동시에 바람이 세차게 부는 것을 '눈보라'라고 하는데, 눈보라보다 더욱 강력한 현상이 바로 '블리자드'Blizzard 현상이다. 블리자드는 이미 땅에 눈이 쌓여 있는 상태에서 강풍이 불 때 일어나는 것으로, 그 속에 있으면 흩날리는 눈 때문에 아무것도 보이지 않게 되고 방향 감각을 상실하게 된다. 이를 '화이트 아웃'Whiteout이라고 한다.

우리의 신앙에도 화이트 아웃이 찾아온다. 이미 놓여 있는 세상의 많은 요소와 정해져 있는 기준들이 세상의 급격한 변화의 바람 앞에서 흩날려 버리는 것이다. 그럴 때 우리는 마치 블리자드 안에 있는 것처럼 어느 길로 가야 할지 막막한 상태에 놓이게 된다. 코로나 팬데믹 이후로 세상은 정말 빠르게 변화하고 있다. 이런 세상의 블리자드 속에서 우리는 어디로 가야 할까?

블리자드 속에서 화이트 아웃을 겪는 사람에게 가장 필요한 것은 나침반이다. 나침반이 있다면 화이트 아웃에서도 방향을 찾을 수 있고 올바른 길로 갈 수 있다. 급변하는 환경에도 흔들리지 않고 올곧게 한 방향으로 길을 갈 수 있는 힘이 생긴다. 주변이 어지러우면 어지러울수록 나침반의 힘은 커진다.

【 Bible | 말씀 】

'뜻을 정한다'라는 것은 무엇을 의미하는가? 다양한 정의를 내릴 수 있지만, 다니엘을 통해 성경에서 말하는 개념을 살펴보고자 한다. 다니엘이 정한 '뜻'은 히브리어 단어 '레브'이다. 이는 정서와 의지, 지성을 포함한 광범위한 개념의 '마음'을 의미한다. 그리고 '정하다'라는 의미의 히브리어 단어는 '숨'이다. 이 단어는 사람이나 사물을 어떤 특정 지정 장소에 '두다', '놓다'라는 의미로 사용된다. 창세기 2장 8절의 "하나님이… 그 지으신 사람을 거기에 두시니라"에서 '두시니라'가 바로 '숨'이다. 정리해 보면, 뜻을 정하는 것은 '마음을 두는 것'이다. 우리의 마음이 있어야 할 자리, 하나님이 지정하신 자리에 두는 것을 말한다. 우리를 뒤흔드는 상황과 환경 속에서 하나님이 뜻하신 자리에 우리의 마음을 두는 것이 바로 세상을 이기는 지혜가 되는 것이다.

성경적인 의미에서 '뜻을 정하는 것'은, 하나님이 우리에게 지정하신 자리에 마음을 두는 것이라고 배웠다. 그렇다면, '하나님이 우리에게 지정하신 자리'가 의미하는 것은 무엇인가? 우리 모두의 인생에 하나님의 목적이 있음을 의미한다. 아담을 에덴동산에 두신 것처럼, 우리를 청지기로 부르신 것이다. 세계적인 석학으로 불리는 스탠퍼드대학교의 윌리엄 데이먼William Damon 교수는 인간발달 연구 보고서인 『무엇을 위해 살 것인가』라는 책을 통해서 목적의식의 중요성을 주장한다. 그는 오늘날 교육에서 가장 큰 문제가 '무관심'이라고 지적한다. 이는 가정 환경이 불우하거나 학교가 제 기능을 하고 있지 못하다는 데 국한된 문제가 아니다. 최고 수준의 학교에 다니는 학생들조차 배움의 의미를 찾지 못하고 있기 때문이다. 공허함과 지루함, 무관심 그리고 쾌락주의와 냉소주의가 다음세대에게 만연해 있다. 이유를 알지 못한 채 열심히 노력하는 것은 의미가 없다. 무엇을 하든 '목적의식'을 먼저 가져야 한다.

당신의 인생에 하나님의 선한 목적이 있음을 믿는가? 우리가 뜻을 정하고, 마음을 두어야 하는 본래의 자리가 있음을 인정하는가? 하나님의 목적을 상실한 채, 쾌락주의와 냉소주의가 만연한 세상을 깨트릴 거룩한 뜻이 당신에게 있는가? 다니엘에게는 있었다. 다니엘은 뜻을 정했다. 그 뜻으로 세상을 이기고, 세상을 압도했다. 당신도 다니엘처럼 그 뜻을 정하기 바란다.

【 **C**hallenge point ｜ 도전 】

하나님의 말씀으로 결단하라

바벨론 왕 느부갓네살은 당시 바벨론의 속국인 이스라엘에서 왕 앞에 설 만한 용모와 실력을 갖춘 소년들을 찾고 있었다. 왕의 환관장 아스부나스는 소년들을 선발하여 왕 앞에 설 수 있도록 준비했다. 아스부나스는 소년들에게 왕이 지정한 왕의 음식과 포도주를 먹게 했다. 소년들은 3년 동안 이 과정을 거쳐 왕 앞에 서게 된다.

바벨론의 속국인 이스라엘에서 선발된 다니엘은 바벨론의 포로나 다름없었다. 그런 포로의 신분에서 할 수 있는 최선은 살아남는 것이라고 할 수 있다. 살아남기만 해도 다행인 상황인 것이다. 그런데 왕은 오히려 소년들을 극진히 여기고 왕의 음식과 마실 것을 주었다. 왕이 포로에게 베풀 수 있는 최대한의 호의였다. 다니엘은 포로 중에서도 바벨론 왕의 호의를 입는 특권을 입었다.

사람은 기본적으로 호의를 거절하기 힘들어한다. 더군다나 자신의 목숨을 좌지우지할 수 있는 사람의 호의라면 더욱 거절하지 못할 것이다. 다니엘은 왕의 명령을 거절하기 매우 어려운 상황에 놓이게 되었다.

왕의 명령대로만 순종하면 다니엘의 포로 생활은 순탄할 것이다. 그리고 왕의 곁에 설 수 있는 절호의 기회도 얻을 수 있다.

그러나 다니엘은 왕의 명령대로 하지 않았다. 그는 환관장 아스부나스에게 왕의 명령을 따를 수 없다며 왕의 음식과 포도주를 거절했다.

다니엘은 이러한 상황 가운데에서 어떻게 왕의 명령을 거역할 수 있었는가? 어떻게 세상의 폭풍 속에서 흔들리지 않고 올곧게 자신의 길을 갈 수 있었는가?

다니엘 1장 8절은 그 이유를 이렇게 말하고 있다. "다니엘은 뜻을 정하여 왕의 음식과 그가 마시는 포도주로 자기를 더럽히지 아니하리라 하고". 다니엘이 왕의 음식을 거절한 이유는 명확하다. 자신을 더럽히지 않기 위해서다. 하나님이 율법을 통해 부정하다고 말씀하신 음식을 먹지 않기 위해서 다니엘은 왕의 음식을 거절한 것이다. 다니엘이 왕의 명령에도 또한 주변의 어지러운 상황에도 흔들리지 않을 수 있었던 이유는 바로 뜻을 정했기 때문이다. 다니엘은 율법에 나타나 있는 하나님이 금지하는 음식을 먹지 않기로 뜻을 정했기 때문에 흔들리는 세상의 폭풍 속에서 진리의 길을 걸어갈 수 있었다.

그러나 우리가 사는 이 시대는, 기준을 제시하는 것을 폭력적이고 배타적인 것으로 생각한다. 한마디로 기준이 없는 시대다. 시대가 급변하면서 기존의 가치가 흔들리기에, 뜻을 정하여 둘 기준조차 사라져 버렸다. 이러한 세상 속에서 하나님의 사람은 하나님의 말씀에 뜻을 정하여 결단해야 한다. 세상이 흔들리고 사람들의 가치관이 변하여도 우리는 시대를 뛰어넘는 절대적인 기준인 하나님의 말씀에 뜻을 두기로 정하고 그 말씀을 기준으로 살아가야 한다. 그러할 때 다니엘처럼 어떠한 상황에서도 흔들리지 않고 올바른 길을 걸어갈 수 있는 나침반을 가진 사람이 될 수 있다.

정체성을 분명히 하라

바벨론 포로 생활에서 이스라엘 백성이 받은 가장 큰 위협은 정체성 상실이었다. 하나님의 백성으로 살아가는 그들에게 정체성은 생명과도 같은 것이었다. 그러나 이제 그들은 더 이상 하나님 나라의 백성이 아니라, 바벨론의 백성으로 살아가야 하는 정체성의 전환을 요구받았다.

이리한 바벨론에서의 포로 생활 속에서 다니엘과 그의 친구들 사드락, 메삭, 아벳느고는 어떻게 바벨론에서도 하나님의 백성이라는 정체성을 가지고 살아갈 수 있었을까?

이스라엘 백성은 앗수르와 바벨론의 침공으로 정체성의 핵심이었던 이스라엘 성전이 파괴되고 무너지는 아픔을 겪었다. 바벨론의 혼합 정책으로 인해 거주지를 옮기게 되고, 이방인이 이스라엘 영토에 들어와서 사는 일이 생기게 되었다. 이스라엘 백성은 이제 더 이상 예루살렘 성전에 모여서 하나님께 제사를 드릴 수 없었다. 그들의 정체성의 구심점이 사라져 버린 것이다.

바벨론에서 이스라엘 백성은 정체성을 유지하기 위해서 비상 수단을 마련했는데, 그것은 바로 '회당 문화'이다. 그들은 가는 곳마다 회당을 지어서 자신들이 하나님의 율법 안에서 하나의 공동체임을 확인했다. 회당의 역할은 다양했다. 그곳은 하나님의 말씀으로 교육받고 히브리어를 배우고 때론 재판도 진행하는 이스라엘 공동체의 구심점이 되었다. 즉 정체성을 유지하기 위해서는 두 가지가 필요하다. 첫째는 절대적인 기준이 되는 하나님의 말씀이고, 둘째는 하나님의 말씀으로 세워진 공동체 모임이 필요한 것이다.

코로나 팬데믹을 거치면서 우리의 신앙에 가장 위협이 되는 것은 무엇이었는가? 바로 하나님의 백성이라는 정체성이었다. 그래도 많은 크리스천이 코로나 팬데믹 기간 가운데 하나님의 말씀을 가까이하고 말씀 가운데 거하기 위해 몸부림을 쳤다. 하지만 팬데믹 상황 가운데 우리에게 가장 어려웠던 것은 하나님의 백성이 함께 모이는 공동체 모임을 할 수 없었다는 것이다. 정체성의 핵심을 지킬 수 없는 채로 2년 이상을 보낸 것이다.

코로나 엔데믹을 맞이하며 이제 우리가 가장 앞서서 해야 할 일은 무엇인가? 교회의 공동체성을 다시 강조하고 신앙인으로서의 정체성을 다시 굳건하게 세우는 것이다. 하나님의 백성이라는 신앙의 정체성이 굳건하게 세워질 때 우리는 폭풍이 몰아치듯 급변하는 세상 속에서도 다니엘과 친구들처럼 하나님의 말씀을 주저하지 않고 선택하는 믿음의 사람이 될 것이다.

믿음의 동역자와 함께 서라

다니엘 1장을 읽다 보면 뜻을 정하여 진리의 길을 걸었던 다니엘이 그 길을 홀로 걷지 않았음을 알 수 있다. 아무리 믿음이 좋은 다니엘이라고 할지라도 험난한 진리의 길을 홀로 걸었다면 흔들리고 넘어질 수 있었을 것이다. 그러나 하나님께서는 뜻을 정하여 하나님의 길을 걷는 자에게 언제나 믿음의 동역자를 붙여 주신다. 이것은 성경의 대원칙 중 하나이다. 모세에게는 아론이, 다윗에게는 요나단이 있었다. 사도 바울에게는 바나바와 실라가 함께했다. 하나님은 말씀으로 우리에게 한 사람이 견뎌 낼 수 없는 일도 두세 사람이 모일 때 견뎌 낼 수 있다고 말씀하신다.

> "한 사람이면 패하겠거니와 두 사람이면 맞설 수 있나니 세 겹 줄은 쉽게 끊어지지 아니하느니라"_전 4:12

한 사람이면 넘어지겠지만 두 사람이면 맞서 싸울 수 있고, 세 겹줄은 쉽게 끊어지지 않는다는 것이다. 하나님의 말씀에 뜻을 정하고 그 길을 걸을 때 하나님은 우리에게 '믿음의 동역자'라는 세 겹줄을 선물해 주신다. 따라서 세상의 대세를 따르지 않는 그 길은 사실 외로운 길이 아니다. 그 길을 걷기로 결정할 때, 둘도 없는 동역자를 만나게 된다. 이전에는 만날 수 없었던 진실되고 신실한 동역자를 하나님이 보내 주신다. 아무리 내가 노력해서 좋은 사람을 만나고 친구로 삼아도 우리는 항상 사람에게 실망하게 된다. 그러나 하나님이 우리에게 직접 붙여 주신 사람은 하나님이 그 관계의 주인이 되시기 때문에 쉽게 끊어지지 않는다.

신앙생활을 할 때 우리는 어디에서 가장 큰 어려움을 겪는가? 바로 인간관계이다. 우리는 교회에서 인간관계에 실패하여 괴로워하는 사람을 얼마나 자주 보는가? 대부분의 신앙인이 하나님과의 관계보다는 교회 안에서 인간관계의 실패로 실족한다. 그러나 하나님은 우리가 오늘 바로 하나님의 말씀에 뜻을 정하여 그 길을 걸어 보길 원하신다. 그 길을 걸을 때 그 길을 함께 걷는 신실한 하나님의 일꾼을 사귀게 될 것이다. 그리고 나와 같은 뜻을 품은 동역자와의 만남 속에서 이제 우리는 더 이상 혼자가 아님을 알게 되며, 하나님의 역사하심과 살아 계심을 함께 체험할 수 있다. 서로의 존재를 기뻐하는 귀한 동역자가 있다는 것은 그 무엇과도 비교할 수 없는 놀라운 축복이다.

【 Determination ㅣ 결심 】

다니엘은 세상의 중심인 바벨론 왕궁에 살았으나, 세상의 영광을 위해 살지 않았다. 그는 새로운 시대에도 변함없는 하나님의 말씀대로 살겠다고 결단했다. 하나님의 사람이라면 이처럼 '하나님 나라의 역사의식'에서 출발해야 한다. 하나님 나라는 견고하다. 세상의 어느 나라도 하나님 나라를 무너뜨릴 수 없다. 하나님의 통치는 영원하며, 그분에게는 한 치의 실수도 있을 수 없다. 그분의 지혜는 모든 것을 합력하여 선을 이루게 하신다. 그래서 하나님의 사람들은 그분의 나라와 그분의 통치를 바라보는 역사적 관점으로 뜻을 정할 수 있어야 한다.

'하나님 나라의 역사관'을 지닌다는 것은, 지금 우리의 역사 안에서 그 나라가 어떻게 성취되는지 주목하는 것을 의미한다. 하나님 나라의 역사적 관점은 성취를 믿고서 상황을 비춰 본다. 그래서 패배주의에 젖지 않고, 비관주의에 짓눌리지 않는다. 도리어 우리 가운데 기이한 방식으로 세워지는 하나님의 역사를 기대하게 된다. 다니엘도 그랬다. 나라가 무너졌는데, 그는 무너진 나라의 백성으로 뜻을 정한다. 왜냐하면, 그 나라의 진정한 왕은 무너지지 않았기 때문이다. 그 나라의 진정한 본체는 조금도 훼손되지 않았기 때문이다. 그래서 다니엘은 하나님 나라의 역사관으로 자신이 성취해 가야 할 역할에 집중한다.

나는 무엇을 위해 사는가? 세상이 약속한 헛된 영광을 위해 나 자신을 더럽히고 있진 않은가? 또한 당신을 무기력하게 만드는 상황은 무엇인가? 당신이 꿈꿀 수 없도록 막는 세상의 배경은 무엇인가? 다니엘은 뜻을 정했다. 자신이 얻을 수 있는 이익들을 포기하면서까지 세상과 구별되기로 결단했다. 하나님은 지금도 하나님의 사람을 찾고 계신다. 세상의 조언이 아닌 하나님 말씀에 귀 기울이는 자를 찾고 계신다. 자기를 더럽히지 않는 자가 누군지 보고 계신다.

하나님 나라의 역사관으로 보라! 그 관점의 렌즈를 갈아 끼도록 하라! 그분의 나라가 세워지는 것을 기대하고, 오늘 우리의 삶에서 그분이 행하실 일을 기대하라! 당신은 이제 새로운 나라를 세워 갈 주인공이다!

【 **E**xercise-guide | 훈련 】

❶ 인생 버킷 리스트를 적어 보라. 하나님께 뜻을 정한 것과 그렇지 않은 것을 비교해 보라.

❷ 당신을 향한 하나님의 뜻은 무엇인가? 당신의 마음을 세차게 흔들었던 성경 말씀이나 기도의 응답을 적어 보고, 마음을 두어야 할 본래의 자리는 어디인지 묵상해 보라.

❸ 나를 더럽히는 세상의 유혹은 무엇인가? 내 영혼을 거룩하게 수호하기 위해 구체적으로 결단해야 할 것들을 적어 보라.

다니엘 프로젝트

다니엘은 뜻을 정하여

왕의 음식과 그가 마시는 포도주로

자기를 더럽히지 아니하리라 하고

자기를 더럽히지 아니하도록 환관장에게 구하니

하나님이 다니엘로 하여금

환관장에게 은혜와 긍휼을 얻게 하신지라

다니엘 1장 8-9절

【 적용송 】

주님 말씀하시면

DAY 2

물러서지 마라,
무릎 기도로 돌파하라

HOLY
HABIT
MOVEMENT

【 **A**pproach | 도입 】

중요한 것은 꺾이지 않는 마음

2022년, '중요한 것은 꺾이지 않는 마음'이라는 말의 줄임말인 '중꺾마'라는 신조어가 화제였다. 이 말은 '리그 오브 레전드'라는 게임의 '2022 LoL 월드 챔피언십'에서 우승한 프로게이머 김혁규 선수의 인터뷰에서 유래됐다. 김혁규 선수의 팀은 1라운드 로 그전에서 패배한 뒤, 한 기자와 인터뷰를 진행했다. 김혁규 선수는 '우리끼리만 무너지지 않으면 충분히 이길 수 있다'라며, 이번 경기를 통해 더 단단해졌기에 그걸로 만족한다고 담담하게 말했다. 이 인터뷰를 진행한 기자는 영상의 제목을 "중요한 건 꺾이지 않는 마음"이라고 작성해 내보냈다. 지지부진한 성적으로 예선도 통과하지 못할 거라 평가받던 김혁규 선수의 팀은 인터뷰 이후 '중꺾마'의 기세로 역전에 역전을 거듭하며 마침내 최종 우승까지 거머쥐었다.

'중꺾마'는 2022년 카타르 월드컵 때도 화제가 되었다. 대한민국 축구대표팀이 포르투갈전에서 승리하며 16강 진출을 확정 지었다. 경기를 마친 선수들은 환하게 웃으며 태극기를 펼쳐 들었는데, 태극기에 다음과 같은 문장이 적혀 있었다. "IMPOSSIBLE IS NOTHING, NEVER GIVE UP, 중요한 것은 꺾이지 않는 마음". '중꺾마'는 2022년 최고의 유행어가 되었고, '어떤 상황에서도 포기하지 않는 의지'를 나타내는 말이 되었다. 현재까지 많은 사람이 다양한 분야에서 '중꺾마'라는 표현을 사용하고 있다.

유행어는 시대상을 반영한다. '중꺾마'라는 표현이 유행하기 전, 온라인에는 온갖 부정적인 말들이 유행하고 있었다. 각종 악재로 경제가 침체되었고, 폭등한 부동산으로 희망을 잃은 젊은이들이 소위 대박을 꿈꾸며 영혼까지 끌어모아 가상 화폐, 주식 등에 투자했다. 그러나 마음처럼 흘러가는 것은 없었다. 이처럼 부정적이고 침울한 분위기가 만연하던 때, '어떤 상황에도 포기하지 않는 의지가 중요하다'라는 뜻의 '중꺾마'는 사회 분위기를 반전시켰다. 포기하지 않고 도전하며, 현재 상황에 매몰되지 말고 꾸준히 앞으로 나아가야 함을 일깨워 준 것이다.

문제를 그대로 두면 문제인 상태 그대로 남을 뿐이다. 회피해 봤자 문제는 사라지지 않는다. 포기하지 않는 마음이 중요하다고 외치는 세상 사람들 앞에서 우리 그리스도인은 어떻게 해야 하는가? 그리스도인이야말로 어떤 상황에도 꺾이지 않는 마음이 필요하다. 어떤 어려움과 고난 속에서도 포기하지 않아야 한다. 무엇을? 기도를 말이다! 그 어떤 방해가 있다고 할지라도 하나님께 나아가는 기도를 포기할 순 없다. 기도야말로 모든 상황을 역전시키는 가장 강력한 무기다. 하나님 아버지께 간구할 수 있다는 것은 그리스도인에게 주어진 가장 큰 특권이다.

【 Bible ㅣ 말씀 】

"다니엘이 이 조서에 왕의 도장이 찍힌 것을 알고도 자기 집에 돌아가서는 윗방에 올라가 예루살렘으로 향한 창문을 열고 전에 하던 대로 하루 세 번씩 무릎을 꿇고 기도하며 그의 하나님께 감사하였더라"

_단 6:10

'기도하는 사람'이라는 단어를 들으면 무엇이 떠오르는가? 우리 주변에는 기도를 부정적으로 보는 사람들이 존재한다. 이들은 기도를 맹목적이고 기복적인 행위로 생각한다. 기도가 '맹목적'이라고 생각하는 사람은 이성이나 논리를 무시한 '신비한 체험'을 추구하는 행위로 생각하며, 자신이 처한 상황을 객관적으로 보지 않고, 이를 회피하고자 초월자에게 의지한다고 본다. 더불어 '기복적'이라고 생각하는 사람은, 기도를 자신이 원하는 바를 손쉽게 이루기 위한 주술적 행위로 본다. 다니엘은 기도의 사람이었다. 그러나 다니엘의 기도는 결코 맹목적이지도, 기복적이지도 않았다. 기도하기 어려운 상황에서도 하나님께 하루 세 번 쉬지 않고 기도했으며, 기도로 인해 핍박받을 수 있는 상황에서도 하나님께 감사를 잃지 않았다. 다니엘이 맹목적이며 기복적인 기도를 했다면, 자신을 둘러싼 상황 속에서 결코 기도하지 못하고, 하나님 앞에 나아가기를 포기했을 것이다. 그러나 다니엘에게는 기도의 끈을 놓지 않는 하나님을 향한 굳건한 신념이 있었다.

다니엘을 시기하던 사람들은 다니엘을 함정에 빠뜨리고 싶어 했다. 그러나 그에게서 어떠한 허물도 찾아낼 수 없자, 그들은 왕을 꾀어 이상한 법을 공포하게 만든다. 그것은 '30일 동안 왕 외에 그 어떤 신이나 사람에게 기도하면, 그 사람을 사자 굴에 던져 넣는다'라는 내용의 조서였다.

그렇다면 다니엘이 어려움을 피할 수 있는 방법은 무엇인가? 간단하다. 기도하지 않는 것이다. 하나님을 향해 기도하지 않으면 생명에 위협을 느끼지 않을 수 있고, 누리고 있는 권세와 영광도 그대로 보장받는다. 지금 당장 기도를 멈추면 30일간 안전할 수 있다. 그러나 자신을 시기하고 쓰러뜨리려는 그 공격은 결코 사라지지 않을 것이다. 다니엘이 기도하기를 쉬지 않은 것은, 기도를 멈추는 것이 문제를 해결하는 근본적인 방법이 아님을 알았기 때문이다.

문제는 피한다고 사라지지 않는다. 기도하기를 멈추면 오히려 문제는 더 크고, 더 강한 적군이 되어 우리를 옭아맬 것이다. 그 사실을 잘 알고 있었던 다니엘은 문제 앞에 멈춰 서지 않았다. 오히려 기도를 통해 문제를 정면 돌파하기로 작정했다.

기도는 그리스도인의 가장 고상한 행위이며, 모든 상황을 역전시키는 유일무이한 무기이다. 다니엘은 그러한 기도의 능력을 보여 주었다. 그렇다면 오늘을 살아가는 우리는 어떻게 기도하고 있는가? 다니엘이 기도를 통해서 지금 나에게 주는 도전에 응답하기를 바란다. 어떤 상황에서도 기도를 포기하지 말라! 누구 앞에서든, 어떤 상황이든 기도하기를 택하라!

【 Challenge point ㅣ 도전 】

기도가 최선의 방법임을 기억하라

다리오왕은 나라를 통치하기 위해 고관 120명을 선발하고 그들 위에 총리 셋을 두었다. 다리오왕은 다른 총리와 고관들보다도 뛰어난 다니엘을 더 높은 자리에 앉혀 전국을 다스리려고 했다. 이에 총리들과 고관들이 다니엘을 끌어내리기 위해 꾀를 내었다. 이방인인 다니엘이 최고 권력의 자리에 오르는 것을 용납할 수 없었기 때문이다. 이처럼 다니엘이 가진 '기도의 능력'이 나타난 배경은 권력 다툼의 현장에서였다. 총리와 고관들은 다니엘을 밀어내고 최고의 자리에 오르기 위해 온갖 지혜를 발휘했다. 하지만 인간이 가진 최선의 방법으로는 결코 그 자리에 오를 수 없었다.

다니엘은 이러한 권모술수 앞에 어떻게 대응했는가? 다니엘은 "조서에 왕의 도장이 찍힌 것을 알고도" 하나님께 기도했다. 인간의 지혜와 방법을 사용하지 않았다. 기도가 가장 좋은 방법이라는 것을 알았기 때문이다. 수많은 위협과 문제 속에서 다니엘이 드린 기도가 빛을 발한 것이다.

성경은 곳곳에서 기도의 중요성을 선포한다. 성도가 이 땅에 살면서 겪게 될 영적 전쟁에서 기도가 가장 탁월한 무기임을 가르쳐 준다. 심지어 예수님조차도 "우리는 어찌하여 능히 그 귀신을 쫓아내지 못하였나이까"라고 묻는 제자들에게 "이르시되 기도 외에 다른 것으로는 이런 종류가 나갈 수 없느니라 하시니라"막 9:29라고 대답하신다. 그렇다. 우리에게 가장 탁월한 방법, 가장 최고의 방법은 기도다. 기도가 가장 지혜롭고 확실한 대안이다.

문제는 많은 그리스도인이 이를 인정하지 않는다는 데 있다. 많은 그리스도인이 영적 전쟁의 자리에서 쉽사리 기도하지 못한다. 말로는 기도가 중요하다고 말하지만 실제로 기도하진 않는다. 기도보다는 내 앞에 놓인 권력과 수단 그리고 나의 지혜를 더 의지한다. 기도하는 습관이 없어서 기도하는 시간을 지루해하며, 시간 낭비로 생각한다. 그러나 기도야말로 가장 탁월한 선택이며, 가장 좋은 대안이다. 그러므로 다른 방법을 모색하기에 앞서 가장 먼저 기도하라.

기도의 구체적인 원칙을 세우라

"당신은 어떤 원칙을 가지고 기도합니까?"라고 질문한다면 많은 그리스도인이 당황할 것이다. 많은 경우 우리의 기도는 '원칙'을 따르기보다는 '필요'를 따르고 있기 때문이다. 우리는 어려운 일을 당했을 때, 도무지 내 힘으로 해결할 수 없는 막막한 상황이 되어서야 비로소 기도한다. 평안한 일상일 때는 기도하지 않는다. 그저 안일함에 빠져 영적인 깊은 잠에 빠져 있을 뿐이다.

다니엘의 기도는 상황을 따라가지 않는다. 원칙적이다. 계획적이다. 그는 정적들이 꾸민 조서에 왕의 도장이 찍힌 것을 알면서도 기도의 자리를 지켰다.

> "전에 하던 대로 하루 세 번씩 무릎을 꿇고 기도하며 그의 하나님께
> 감사하였더라"_단 6:10b

다니엘의 기도는 순조로운 일상에 찾아온 불청객이 아니었다. 문제가 발생했기에 어쩔 수 없이 들여놓는 불편한 손님이 아니었다. 다니엘은 하루에 세 번 기도했다. 그는 늘 무릎을 꿇었다. 다니엘에게 기도는 가장 친근한 친구였다. 하루 세 번, 무릎을 꿇는 기도, 하나님을 찬양하며 감사하는 것! 이것이 다니엘이 세운 원칙이자 그의 삶이었다.

그리스도인이라면 누구나 기도할 수 있다. 그러나 기도를 삶의 원칙으로 삼는 사람은 드물다. 다니엘의 정적들은 조서를 꾸

려 기도하지 못하게 만들었다. 그렇다면 이 조서 때문에 고발당한 사람이 과연 몇 명이나 될까? 성경은 다니엘 외에 사자 굴 속에 던져진 사람을 기록하지 않는다. 적어도 성경을 통해서 알 수 있는 인물은 오직 다니엘뿐이다. 오직 다니엘 한 사람만이 원칙을 가지고 기도하며 암울한 포로기에 기도의 등불을 밝혔다.

원칙을 세워 기도하라! 시대를 깨우고 비춰야 할 사명이 우리에게 있다! 이 위대한 사명에 동참하는 사람이 얼마나 있다고 생각하는가? 다니엘 시대에 사자 굴에 던져진 기도의 사명자는 다니엘 한 사람뿐이었다. 하루에 세 번 무릎을 꿇고 하나님께 감사하는 것, 누구나 할 수 있는 쉽고 단순한 일이다. 그러나 오직 사명을 가진 사람만이 실천할 수 있다. 나에게도 기도의 원칙이 있는가? 우리의 삶에 녹여 낼 기도의 습관을 세우라! 누구나 할 수 있는 단순한 일이지만 아무나 할 수 없는 그 일에 도전하라! 기도의 원칙이 당신의 삶을 사명으로 이끌어 갈 것이다. 그리고 마침내 영적 전쟁에서 승리할 것이다.

성경으로 기도하라

세상 사람들, 세속의 종교인들도 기도한다. 인간을 정의하는 말 중에 '호모 페카토르'Homo pecator라는 단어가 있다. '기도하는 존재'라는 뜻으로, 인간의 존재에서 기도를 빼놓을 수 없다는 것을 말해 준다. 기도는 인간의 본능이다. 그렇다면 그리스도인의 기도는 세상 사람들의 기도와 어떻게 달라야 할까? 다니엘의 기도

대상은 '하나님'이었으며, '말씀을 따라' 기도했다.

> "다니엘이 이 조서에 왕의 도장이 찍힌 것을 알고도 자기 집에 돌아가
> 서는 윗방에 올라가 예루살렘으로 향한 창문을 열고"_단 6:10a

다니엘은 전에 하던 대로 예루살렘을 향해 창문을 열고, 무릎을 꿇고 기도하며, 하나님께 감사했다. 자신의 허물을 찾아내려는 사람들이 도처에 깔려 있기에 숨어서 기도할 수도 있었을 것이다. 누군가는 그것이 지혜로운 행동이라고 생각했을 것이다. 다니엘의 행위는 바보 같아 보이기까지 한다. 그러나 다니엘이 창문을 열고 예루살렘을 향해 기도한 것은 무모한 행동도, 무지한 행동도 아니었다. 다니엘이 품은 믿음의 소신이었다.

> "자기를 사로잡아 간 적국의 땅에서 온 마음과 온 뜻으로 주께 돌아와
> 서 주께서 그들의 조상들에게 주신 땅 곧 주께서 택하신 성읍과 내가
> 주의 이름을 위하여 건축한 성전 있는 쪽을 향하여 기도하거든 주는
> 계신 곳 하늘에서 그들의 기도와 간구를 들으시고 그들의 일을 돌아
> 보시오며 주께 범죄한 백성을 용서하시며 주께 범한 그 모든 허물을
> 사하시고 그들을 사로잡아 간 자 앞에서 그들도 불쌍히 여김을 얻게
> 하사 그 사람들로 그들을 불쌍히 여기게 하옵소서"_왕상 8:48-50

다니엘의 기도는 하나님의 약속을 붙드는 믿음의 기도였다.

그가 가진 믿음의 소신은 '하나님의 말씀 위에' 있었다. 자신의 욕망 위에 세운 모래 위의 기도가 아니다. 하나님의 약속이라는 반석 위에 세워진 견고한 기도다. 이러한 기도는 쉽게 허물어지지 않는다. 비록 적국의 땅에 포로로 잡혀 있지만, 온 마음과 뜻으로 성전을 향해 기도할 때 하나님이 들으신다는 믿음에서 나온 행동이었다. 이처럼 그리스도인의 기도는 말씀과 분리될 수 없다.

하나님의 말씀을 마음에 받아들였다면 기도로 반응해야 한다. 기도는 나의 소원을 나열하는 것이 아니라, 나의 삶에 하나님의 뜻이 임하기를 구하는 것이다. 성숙한 기도를 드리기 위해서는 그만큼 성경을 읽어야 한다. 성경을 통해서 깨달은 하나님의 뜻과 목적을 따라 기도하는 것이 성숙한 기도다.

나의 기도는 어떠한가? 기도는 열심히 하지만, 심각한 말씀의 부재를 경험하고 있지는 않은가? 하나님께서 내 마음을 알아주시기를 바라면서, 정작 하나님의 마음에는 무관심하진 않은가? 성경은 우리를 향하신 하나님의 뜻을 기록한 책이다. 따라서 우리 역시 다니엘처럼 말씀을 따라 기도해야 한다. 하나님의 말씀에 귀 기울이며 기도하라! 지금까지 두 손을 모아 간절히 기도했다면, 이제부터는 두 손에 성경을 붙들고 기도해야 한다! 말씀을 따라 기도할 때 더 큰 하나님의 마음을 경험하게 될 것이다.

【 **D**etermination | 결심 】

기도는 문제를 해결할 수 있는 최선의 방법이다. 기도보다 더 좋은 방법은 없다. 기도하지 않아도 문제가 해결될 거라는 사탄의 속임수에 넘어가지 말라. 기도하지 않으면 문제는 결코 해결되지 않는다. 잠시 잠깐 사라질 수는 있겠지만, 더 큰 올무가 되어 삶을 삼켜 버릴 것이다. 그리스도인에게 기도는 가장 확실하고 강력한 무기이며, 사탄의 견고한 진을 무너뜨리는 유일한 수단이다. 그렇기에 우리는 가장 먼저 기도를 회복해야 한다.

> "내 이름으로 일컫는 내 백성이 그들의 악한 길에서 떠나 스스로 낮추고 기도하여 내 얼굴을 찾으면 내가 하늘에서 듣고 그들의 죄를 사하고 그들의 땅을 고칠지라 이제 이 곳에서 하는 기도에 내가 눈을 들고 귀를 기울이리니 이는 내가 이미 이 성전을 택하고 거룩하게 하여 내 이름을 여기에 영원히 있게 하였음이라 내 눈과 내 마음이 항상 여기에 있으리라"_대하 7:14-16

이를 위해 기도의 '구체적인 원칙을 세우라!' 기도의 원칙을 세워야 하는 이유는 단순하다. 세상이 알지 못하는 사명이 있는 한 기도를 멈추지 말아야 한다. 누구나 기도할 수 있지만, 꾸준한 기도는 결코 아무나 할 수 없다. 삶에 기도가 녹아 있어야 하며, 숨 쉬듯 기도해야 한다. 기도는 어려운 일을 당했을 때 억지로 꺼

내 쓰는 도구가 아니다. 시간을 정하고, 장소를 정해 습관적으로 기도하라! 기도는 일상이 되어야 하며, 당연한 하루의 일과가 되어야 한다.

마지막으로, 성경적으로 기도하라! 나의 기도는 세상 사람들의 기도와 다르다. 우리는 지금도 살아 역사하시며, 나에게 말씀하시는 하나님께 기도해야 한다. 그렇기에 그분이 우리에게 주신 약속의 말씀을 붙들고 기도하라! 기도는 그 약속을 신뢰하는 가장 적극적인 표현이다. 하나님은 믿음의 기도에 반드시 응답하신다. 기도는 오직 하나님을 믿는 자만이 할 수 있다.

거듭 강조하지만, 어떤 상황 속에서도 기도를 포기해선 안 된다. 기도를 포기해도 살아갈 수 있다는 세상의 거짓말에 속지 말라! 왕이 아닌 하나님께 기도했다는 이유로 사자 굴 속에 던져진 것은 오직 다니엘 한 사람뿐이었다. 많은 사람이 그 위협 앞에 굴복하여 하나님께 기도하기를 멈추었을 것이다. 그러나 기도를 포기하지 않았던 한 사람, 오직 다니엘만이 하나님이 주시는 참된 역전을 경험할 수 있었다. 그리고 하나님의 이름을 모든 백성에게 선포하는 간증의 주인공이 될 수 있었다!

오늘 이 시대에도 하나님은 기도하는 사람을 찾으신다. 세상의 권세 앞이 아니라, 하나님 앞에 무릎을 꿇는 한 사람이 지금도 필요하다. 그 사람이 바로 내가 되어야 한다. 하나님이 찾으시는 그 한 사람! 이 시대에 주님의 빛을 전하는 거룩한 지도자가 바로 당신이길 바란다.

【 Exercise-guide | 훈련 】

❶ 다니엘의 기도는 신념이 있었다. 그리스도인들의 기도를 세상이 감히 꺾을 수 없는 이유는 무엇인가?

❷ 나의 기도는 맹목적이거나 기복적이지 않은가? 다니엘의 기도 원칙을 본받아 세워야 할 '나의 기도 전략'은 무엇인가?

❸ 우리 공동체는 기도의 호흡이 계속되고 있는가? 기도의 방해 요소는 무엇이며, 공동체가 공유해야 할 결단은 무엇인가?

내 이름으로 일컫는 내 백성이
그들의 악한 길에서 떠나
스스로 낮추고 기도하여 내 얼굴을 찾으면
내가 하늘에서 듣고 그들의 죄를 사하고
그들의 땅을 고칠지라
역대하 7장 14절

【 적용송 】

이제 역전되리라

DAY 3

폭풍 같은 삶,
인생에 말씀의 닻을 내리라

HOLY

HABIT

MOVEMENT

【 **A**pproach | 도입 】

내 삶에 내려야 할 닻

2013년 5월, 나이지리아 선박 '제이슨 4호'가 대서양 근해에서 유조선을 예인하다 갑작스레 선체가 기울면서 침몰했다. 배는 30m 바닷속으로 가라앉았고, 요리사인 해리슨 오케네Harrison Okene는 급히 비상 해치로 향했다. 그와 동시에 동료 세 명이 거센 물에 휩쓸리는 것을 두 눈으로 지켜봐야만 했다. 그 역시 수압으로 인해 화장실까지 떠내려갔지만, 에어 포켓Air pocket에서 극적으로 숨을 부지할 수 있었다.

사고 소식을 듣고, 120km 떨어진 유전에서 작업하던 이들이 출동해 구조 작업을 진행했다. 민간 잠수부였던 이들은 사고가 발생한 지 이미 사흘이 지났기에 사체 수습을 목표로 했다. 그런데 수색 작업 도중 갑자기 누군가 한 잠수부의 몸을 터치하고 손을 잡아끌었다. 유일하게 생존해 있던 오케네였다.

오케네는 빛이 들어오지 않는 흑암 속에서 속옷만 입은 채 극한 추위에 맞서야 했으며, 점점 희미해져 가는 삶의 희망으로 인해 절망의 공포에 떨어야 했다. 사흘 동안 먹은 거라곤 고작 콜라 한 병뿐이었다. 그는 극적으로 구조되고 난 후 언론과의 인터뷰에서 자신이 살아날 수 있었던 이유에 관해 이렇게 말했다.

"추위와 굶주림 속에서 아내가 문자 메시지로 보내 준 성경의 시편 구절을 암송하며 기도했습니다. 하나님께서 나를 구해 주셨습니다!"

어느 인생이나 오케네와 같은 위기와 절망의 상황이 닥치기 마련이다. 언제까지고 평온한 날들만 지속될 수는 없다. 파도는 하루에 70만 번 친다. 잔잔한 파도라도 방심하면 해류에 떠밀려 표류하게 되고, 강풍과 함께 거세게 몰아치면 침몰의 위기에 빠지게 된다. 이때 배의 균형을 잡아 주는 것이 바로 닻이다. 배는 닻 하나에 목숨을 걸고 항해를 한다.

좋은 닻의 기준은 닻을 내릴 때 끌리지 않고 바닥에 잘 정착하느냐가 결정한다. 그래야 안정적으로 버틸 수 있기 때문이다. 닻은 배가 무사히 정박할 수 있게 하는 중요한 장치이다. 그렇다면 우리 인생에서 닻은 무엇이어야겠는가? 파도가 치고, 폭풍이 불 때도 흔들리지 않고, 우리 삶을 붙잡아 주며, 때론 우리의 생명을 구원해 줄 바로 그 닻이 무엇이어야겠는가? 다니엘을 통해 우리 삶에 내려야 할 진정한 닻이 무엇인지 살펴보도록 하자.

"내가 금식하며 베옷을 입고 재를 덮어쓰고 주 하나님께 기도하며 간구하기를 결심하고 내 하나님 여호와께 기도하며 자복하여 이르기를 크시고 두려워할 주 하나님, 주를 사랑하고 주의 계명을 지키는 자를 위하여 언약을 지키시고 그에게 인자를 베푸시는 이시여"_단 9:3-4

다니엘 7-8장에서 다니엘은 하나님께서 인류 역사의 주인이시며, 사람을 세우기도 하고 멸하기도 하심을 환상을 통해 보게 되었다. 8장에서는 메대와 바사 그리고 그리스 제국이 서로 다투게 될 것이라는 열강 제국의 다툼에 대한 환상을 보여 주신다. 이후 9장에서는 예레미야 선지자를 통해 예언되었던 70년 포로기에 대한 질문으로 내용이 시작된다.

다니엘이 기도할 즈음은 포로 생활 후 66년이 지났을 때였다. 다니엘은 예레미야 선지자를 통해 선포된 말씀을 믿고, 포로에서 해방되는 시기를 기다리며 간절히 기도했다. 이전에 저질렀던 이스라엘의 반역죄를 회개한 것이다. 다니엘은 하나님의 긍휼과 자비의 성품을 의지하여, 하나님께서 이스라엘을 회복시켜 주시기를 간절히 기도했다. 다니엘의 질문에 대한 하나님의 답은 다니엘 9장 24절에 나타나 있다.

"네 백성과 네 거룩한 성을 위하여 일흔 이레를 기한으로 정하였나니 허물이 그치며 죄가 끝나며 죄악이 용서되며 영원한 의가 드러나며 환상과 예언이 응하며 또 지극히 거룩한 이가 기름 부음을 받으리라"_단 9:24

하나님께서는 70이레70 곱하기 7로 기한을 늘리신다고 응답하셨다. 490년이라는 시간이다. 결국, 9장의 내용은 메시아 그리스도가 오실 때 모든 일이 끝나리라고 예언하는 것이다. 기대한 응답은 아니었지만, 다니엘은 실망했다거나 말씀을 거부하는 반응을 보이지 않고, 계속해서 기도 생활을 이어 나갔다.

【 Challenge point | 도전 】

말씀 앞에 반응하는 사람이 되라

다니엘 9장은 다니엘이 예레미야에게 주신 하나님의 말씀을 읽고 나서 드린 기도로, 예루살렘의 황폐함이 70년 만에 그친다는 내용이다. 다니엘은 하나님의 말씀을 읽고 나서 말씀을 이해하는 것으로 만족하지 않았다. 말씀이 그대로 실현될 것을 믿고, 믿음으로 말씀에 반응했다.

하나님께서 기나긴 기간 동안 이스라엘 백성을 징벌하셨다. 다니엘은 이제 그 기간의 끝이 다가오고 있다는 소망을 보았을 것이다. 또한 이스라엘이 패망한 이유에 대해 하나님 앞에 잘못을 시인하며 하나님께서 하나님의 백성을 긍휼히 여겨 주시기를 바랐을 것이다. 다니엘은 마음의 소원대로 하나님 앞에 간절히 기도하기 시작한다. 하나님의 말씀에 합당한 반응을 보인 것이다.

우리 대부분은 하나님의 말씀을 사모하며 교회에 가고 설교를 듣는다. 그리고 말씀의 강물에 잠겨 하나님의 뜻을 발견하는 기쁨을 누린다. 말씀을 통해 은혜 주신 하나님을 찬양하며 영광을 돌린다. 이처럼 말씀의 은혜를 누리고 사모하는 자는 많지만, 하나님의 말씀에 반응하는 자는 그리 많지 않다. 많은 성도가 예배가 끝난 후 하나님의 말씀을 잊어버리고 이루어질 것이라고 확신하지 못한다. 또한, 말씀대로 간절히 구하지 않는다.

우리는 은혜를 단순히 '소비'하는 것을 멈춰야 한다. 은혜는 누리기만 하는 것이 아니다. 반응하는 것이다. 은혜에 반응하면 하나님께서 우리 안에 영생을 주시고, 영생은 우리의 영혼을 소생케 한다. 영적으로 둔감해져 있던 영혼이 말씀의 은혜로 하나님 앞에 반응하는 것이 진정한 삶의 예배로 나아가는 길이다.

그러므로 우리는 더 이상 예배를 소비하는 소비자가 아닌, 예배를 삶으로 반응하는 삶의 예배자가 되어야 한다. 우리의 예배는 예배 현장에서만 이루어지는 것이 아니라, 삶의 현장에서 이루어져야 한다. 삶 속에서 하나님의 말씀에 대한 반응과 실천으로 진정한 예배를 이뤄야 한다.

하나님의 성품에 기대어 기도하라

인생에 말씀의 닻을 내린 자는 하나님의 성품을 알게 된다. 다니엘은 하나님의 말씀을 읽고, 하나님이 어떤 분인지 기도로 고백하고 있다. 인생에 말씀의 닻을 내리면 우리는 하나님의 성품에 호소하며 기도를 하게 되는 것이다. 그렇다면 다니엘은 하나님의 말씀을 통해 어떤 하나님의 성품을 고백하며 기도하고 있는가?

먼저 공의로우신 하나님을 의지하며 기도하고 있다.

> "그러므로 여호와께서 이 재앙을 간직하여 두셨다가 우리에게 내리게 하셨사오니 우리의 하나님 여호와께서 행하시는 모든 일이 공의로우시나 우리가 그 목소리를 듣지 아니하였음이니이다"_단 9:14

다니엘은 이스라엘이 당한 모든 재앙이 하나님의 공의로운 성품에서 비롯됨을 알고 있다. 하나님은 공의를 율법에 계시하셨다. 하나님은 율법대로 순종하는 자에게 축복을, 불순종하는 자에게는 저주하시는 공의의 하나님이시다. 하나님께서는 옳고 그름에 대한 분명한 기준이 있으며, 그 기준을 하나님의 백성인 이스라엘에 계시하셨다. 그럼에도 그들은 축복의 길을 선택하지 않았다. 저주의 길을 선택한 이스라엘은 패망하게 되고, 예루살렘 성전은 불타 버렸다.

다니엘은 말씀을 통해 하나님의 공의를 깨닫고, 그 성품 앞에 회개하고 자복하며 기도한다. 민족의 죄를 마치 자신의 죄인 것처럼 간절히 회개하며 기도했다. 그리고 심판과 재앙이 하나님의 주권임을 인정하며 아뢰었다. 하나님은 심판하는 분이고, 죄와 타협이 없는 분이시다. 하나님의 심판에 대한 이유를 묻거나 그것에 대해 하나님의 뜻을 오해하지 않는 것이다.

우리 역시 하나님이 주신 성경 말씀을 읽지 않으면 하나님의 공의로우심을 알 수 없다. 또한 하나님께서 우리 삶에 주신 사건들을 명확히 이해할 수 없다. 그리고 이 세상에서 일어나는 온갖 폭력, 가난, 전쟁, 재앙들에 대한 하나님의 뜻을 온전히 알 수 없다. 우리는 끊임없이 하나님에 대해 오해하고 의심을 품게 된다. 하나님의 공의에 대한 이해가 없다면 우리는 하나님을 알고 있다고 말할 수 없다.

또한, 다니엘은 공의의 하나님을 고백함과 동시에 하나님의 긍휼하심과 인자하심에 호소하며 기도하고 있다.

"나의 하나님이여 귀를 기울여 들으시며 눈을 떠서 우리의 황폐한 상황과 주의 이름으로 일컫는 성을 보옵소서 우리가 주 앞에 간구하옵는 것은 우리의 공의를 의지하여 하는 것이 아니요 주의 큰 긍휼을 의지하여 함이니이다"_단 9:18

다니엘은 하나님의 심판으로 인해 열국의 포로가 된 이스라엘과 황폐해진 예루살렘에 대한 회복을 구하고 있다. 하나님의 공의를 순전히 이해하고 인정하는 자는 하나님의 긍휼하심을 알게 된다. 하나님은 우리를 완전히 버리지 않으신다. 하나님은 공의로 우리를 심판하시는 분이지만, 동시에 우리를 사랑하는 분이시다. 하나님의 심판 목적은 백성의 멸망이 아니라, '회복'이다. 하나님은 우리를 정결케 하시고 하나님의 백성답게 살도록 회개의 길로 인도하신다.

다니엘은 이러한 하나님의 성품과 의도를 정확하게 이해하고 있다. 그리하여 다니엘 9장 18절에서 예루살렘의 회복을 간구하면서 이스라엘의 공의를 의지하여 기도하지 않고, 하나님의 큰 긍휼에 의지하며 기도하고 있는 것이다.

그렇다면 인생에 말씀의 닻을 내린 자의 시선은 어떠한가? 하나님의 공의로우심과 긍휼하심을 동시에 볼 수 있다. 하나님은 성경을 통해, 십자가 사건을 통해 두 성품을 찬란하게 드러내셨다. 공의로우신 하나님은 죄인인 우리를 심판하셔야 했지만, 긍휼히 여기셔서 우리 대신에 하나밖에 없는 아들 예수 그리스도를 십자가에 내어 주셨다.

【 Determination ∣ 결심 】

우리가 읽고 있는 구약의 39권 모두 그리스도에 관해 말하고 있는데, 이를 가리켜 '구속사적 관점'이라고 이야기한다눅 24:44. 따라서 구약성경을 읽을 때 늘 예수 그리스도를 염두에 두어야 한다. 지혜와 계시의 영이 우리의 눈을 비추어, 말씀 가운데 온전히 주님을 발견할 수 있어야 한다.

그중에도 특별히 이사야는 그리스도에 대한 예언으로 가득 차 있다. 책의 앞부분에서는 특히 그리스도의 탄생과 관련된 예언을 자주 볼 수 있다.

> "처녀가 잉태하여 아들을 낳을 것이며, 그가 그의 이름을 임마누엘이라고 할 것입니다."_사 7:14, 새번역

> "그의 이름은 '놀라우신 조언자', '전능하신 하나님', '영존하시는 아버지', '평화의 왕'이라고 불릴 것이다."_사 9:6b, 새번역

> "이새의 줄기에서 한 싹이 나며 그 뿌리에서 한 가지가 자라서 열매를 맺는다. 주님의 영이 그에게 내려오신다. 지혜와 총명의 영, 모략과 권능의 영, 지식과 주님을 경외하게 하는 영이 그에게 내려오시니"
> _사 11:1-2, 새번역

하지만 그리스도 예언의 백미는 이사야의 뒷부분에 등장하는 종의 노래사 52:13-53:12다. 종교개혁자 칼빈Calvin은 이를 일컬어 '예수 그리스도의 이력서'라고 표현했다. 더 나아가, 신약 성경 전체가 이사야 53장의 기반 위에 서 있다고 해도 과언이 아니다.

"전에는 그의 얼굴이 남들보다 더 안 되어 보였고, 그 모습이 다른 사람들보다 더욱 상해서, 그를 보는 사람마다 모두 놀랐다."
_사 52:14, 새번역

"그는 주님 앞에서, 마치 연한 순과 같이, 마른 땅에서 나온 싹과 같이 자라서, 그에게는 고운 모양도 없고, 훌륭한 풍채도 없으니, 우리가 보기에 흠모할 만한 아름다운 모습이 없다. 그는 사람들에게 멸시를 받고, 버림을 받고, 고통을 많이 겪었다. 그는 언제나 병을 앓고 있었다. 사람들이 그에게서 얼굴을 돌렸고, 그가 멸시를 받으니, 우리도 덩달아 그를 귀하게 여기지 않았다."_사 53:2-3, 새번역

"그는 죽는 데까지 자기의 영혼을 서슴없이 내맡기고, 남들이 죄인처럼 여기는 것도 마다하지 않았다. 그는 많은 사람의 죄를 대신 짊어졌고, 죄 지은 사람들을 살리려고 중재에 나선 것이다."
_사 53:12b, 새번역

과연 무엇이 그리스도로 하여금 이처럼 극심한 고난을 당하게 했는가? 우주 만물을 창조하신 하나님께서 인간으로 오신 것, 그 자체가 이미 말로 표현할 수 없는 자기 비하 아닌가? 왜 예수님께서 이런 고통을 겪으셔야만 했는가?

"그가 찔림은 우리의 허물 때문이요 그가 상함은 우리의 죄악 때문이라 그가 징계를 받으므로 우리는 평화를 누리고 그가 채찍에 맞으므로 우리는 나음을 받았도다"_사 53:5

우리의 구원에 있어서 가장 중요한 것은 바로 '그의 고난'과 '우리의 허물'을 연결할 수 있는 깨달음이다. 십자가의 사건을 오늘 나의 사건으로 체험하는 것이다. 주님은 우리의 허물뿐 아니라, 허물의 결과인 질고와 슬픔까지도 안고 십자가에 달리셨다. 온전히 우리의 연약함을 감당하신 것이다.

우리의 영적 습관은 이따금 찾아오는 절기에 맞추는 것이 아니라, 예수 그리스도의 십자가 사건을 날마다 경험하는 것으로 이루어져야 한다. 그저 습관적으로 예배와 기도의 자리에 참여하는 것이 아니라, 십자가로 마음이 뜨거워져야 한다. 말씀이신 하나님 앞에, 그가 행하신 일을 찬송하며 겸손히 엎드리라. 폭풍 같은 삶, 흔들리는 내 인생에 말씀의 닻을 내리라! 그것이 거룩한 영적 습관을 시작하는 첫걸음이 되어야 한다. 그리하면 말씀이 당신을 살릴 것이다.

【 **E**xercise-guide | 훈련 】

❶ 거센 풍랑 가운데 있는 당신이 살기 위해 내린 닻은 무엇이었
는가? 삶의 위기와 절망 속에서 때론 하나님보다 더욱 기대하
거나 의지했던 것들을 나누어 보라.

❷ 올 한 해 성경 통독에 전심을 기울여라. 할 수만 있다면 성경
66권을 필사하여, 말씀을 심장에 아로새길 수 있도록 계획을
세워 보라.

❸ 매일 말씀 묵상 및 적용에 힘쓰기 위해 내가 주의하고 멀리해
야 할 세상적인 습관 혹은 문화는 무엇인가?

다니엘 프로젝트

내가 금식하며 베옷을 입고 재를 덮어쓰고
주 하나님께 기도하며 간구하기를 결심하고
내 하나님 여호와께 기도하며 자복하여 이르기를
크시고 두려워할 주 하나님,
주를 사랑하고 주의 계명을 지키는 자를 위하여
언약을 지키시고 그에게 인자를 베푸시는 이시여
다니엘 9장 3-4절

【 적용송 】

전능하신 나의 주 하나님은

DAY 4

영적 노안을 극복하라

HOLY

HABIT

MOVEMENT

【 **A**pproach | 도입 】

장벽이란 없다

"66살의 나이에 완전히 다시 시작한다는 것은 두려운 일이었다. 그러나 나의 인생에서 가장 흥미로운 것이었다. 상품이나 나 자신, 잘 해낼 수 있는 능력에는 확신이 있었다. 하지만 그것은 분명히 도전이었다."[1]

KFC 창업자로 알려진 커넬 샌더스Harland David Sanders의 도전 일화는 유명하다. 그는 사업을 위해 미국 전역을 일주하며 많은 사람에게 투자를 권유했다. 그러나 그가 확신해 마지않던 열한 가지 허브와 향신료를 사용한 치킨 레시피는 무려 1,008번이나 거절을 당했다. 더 놀라운 사실은 이 숱한 거절을 당하기 4년

---

1   Sanders. Colonel Harland, Harland The Autobiography of Original Celebrity Chef, KFC Corporation, 2012, 73쪽.

전, 그가 운영하던 카페까지 폐업했다는 것이다. 그에게는 정부에서 주는 105달러의 사회보장금과 낡은 트럭 한 대가 전부였다. 그의 나이 62세 때 말이다.

숱한 거절에 직면하여 절망할 만도 했으나, 그는 신념을 굽히지 않았다. 마침내 그의 열정과 레시피에 대한 확신을 가져 준 투자자 피트 하먼Pete Harman을 만나 KFC 1호점이 탄생하게 되었고, 치킨 프랜차이즈의 전설이 시작되었다. 나이에 한계를 짓지 않고, 배움과 도전에 진심이었던 그의 인생은 지금도 많은 이에게 영감과 투지를 일깨우게 한다.

하워드 터커Howard Tucker 박사는 2023년 101세를 맞아 '최고령 현역 의사'라는 기네스북 등재 기록을 가지게 되었다. 더 놀라운 사실은 그가 한국 전쟁 참전 용사이며, 여전히 오하이오주의 세인트빈센트 자선 의료 센터에서 학생들을 가르치고 있다는 것이다. 심지어 60대 초반에는 풀타임으로 병원에서 근무하는 동시에 야간 로스쿨을 다녔으며, 67세에 미국 오하이오주의 변호사 시험을 통과했다.

그는 한 인터뷰에서 "아직 나는 은퇴할 생각이 없다. 은퇴하고 일을 멈추는 순간 요양원에서 생을 마감할 확률이 높아진다. 지금도 일하며 매일 새로운 것을 배우는데, 그것이 매우 즐겁다. 74년 동안 의사로 일해 왔지만, 여전히 새로운 도전 앞에서 설렌다"라고 말했다.

이들이 공통점이 무엇인가? '나이'를 장벽으로 여기지 않고,

결코 꿈을 포기하지 않았으며 끊임없이 도전했다는 것이다. 그들은 실패를 두려워하지 않았다. 육체에는 노안이 찾아왔으나, 열정은 한계를 뛰어넘어 새로운 삶의 의미를 열었다.

당신에게 영적인 노안이 찾아온다면 어떻겠는가? 나이도, 상황도, 무엇도 내 편이 되어 주지 않으니 이제 아무것도 할 수 없다며 포기할 텐가? 단언컨대 그것은 하나님께서 기뻐하실 일이 아니다. 우리는 생기를 주시고, 꿈을 주시는 주님의 은총에 의지하여 영적 노안을 극복해야 한다.

【 Bible | 말씀 】

"바사 왕 고레스 제삼년에 한 일이 벨드사살이라 이름한 다니엘에게 나타났는데 그 일이 참되니 곧 큰 전쟁에 관한 것이라 다니엘이 그 일을 분명히 알았고 그 환상을 깨달으니라"_단 10:1

"모세가 죽을 때 나이 백이십 세였으나 그의 눈이 흐리지 아니하였고 기력이 쇠하지 아니하였더라"_신 34:7

다니엘 10장은 바사 왕 고레스가 통치한 지 3년을 지나던 때의 기록이다. 당시 다니엘의 나이를 추산해 보면 대략 90세다. 다니엘은 90세의 나이에도 영적으로 쇠약해지지 않았다. 나이가 들수록 하나님의 말씀에 더욱 귀를 기울였고, 하나님이 알려 주시는 크고 은밀한 일을 아는 일에 소홀하지 않았다.

다니엘이 나이가 들수록 하나님과 친밀해진 이유는 그가 목숨을 내놓아야 하는 상황에서도 하나님 앞에 기도하기를 멈추지 않았기 때문이다. 그는 하루에 세 번 반드시 기도했고, 거룩한 영적 습관 속에서 90세의 인생을 지나왔다. 그의 영성은 하루아침에 세워진 것이 아니라 꾸준한 영적 습관 속에서 영적인 깊이가 더해진 것이다.

모세 역시 120세의 나이에도 눈이 전혀 흐리지 않았다. 이는 모세의 신체 시력을 말한 것이 아니다. 그의 총명함과 영성이 흐려지지 않았음을 말한 것이다. 모세는 이스라엘 백성을 광야에서 인도하면서 항상 하나님의 음성에 귀를 기울였다. 그는 하나님을 매일 삶과 죽음의 기로에 놓인 광야 한복판에서 하나님만을 의지하여 대면한 사람으로, 하나님이 세우시고 인정하신 이스라엘의 지도자였다.

그의 지도력은 영성에서 비롯된 것이었고, 120세라는 고령에도 흐려지지 않았다. 그가 인생 마지막에 이스라엘 백성에게 분명하게 선포한 신명기의 메시지를 통해, 죽기 직전에도 영성만큼은 시들지 않았다는 것을 알 수 있다.

【 **C**hallenge point ｜ 도전 】

다니엘처럼, 영적 노안을 극복하라

다니엘은 고령의 나이에도 불구하고 하나님 앞에서 금식하고 있다. 세 이레 동안을 슬퍼하며, 세 이레가 차기까지 좋은 떡도 먹지 않았다. 고기와 포도주를 입에 대지 않았으며, 기름도 바르지 않았다. 튼튼한 젊은이도 세 이레 동안 금식하는 것은 매우 힘든 일이다. 세 이레 금식은 생명의 위험이 있는 장기 금식에 속한다. 젊은이도 오래 금식을 하면 위험한데, 90세의 노인이 세 이레 동안 금식하며 기도한 것이다.

사람은 누구나 나이가 들면 신체 기능에 크고 작은 문제가 생긴다. 그로 말미암아 슬픔이 생기기도 한다. 젊음을 되찾고 싶은 마음에 지난날을 회상하며 그리워하는 이가 많을 것이다. 그러나 하나님의 사람은 슬픔에 잠길 틈이 없다. 우리의 겉 사람은 낡지만, 속 사람은 매일 새로움을 경험하며 기대를 품기에 기쁨과 생기가 솟아나기 때문이다.

다니엘은 나이가 들고 몸이 쇠약해졌음에도 영적인 열망이 사그라지지 않았다. 영혼의 불꽃은 육신이 연약해질수록 오히려 더 강해졌다. 하나님을 향한 열망이 어느 젊은이보다 더 가득했으며 야성이 살아 있었다. 하나님을 향한 다니엘의 열망은 그의 영적 시력이 여전히 선명하게 유지되도록 만들었다. 다니엘은

90세의 나이에도 하나님이 주시는 환상을 보았으며, 환상에 따라 하나님 앞에 간절히 기도하며 하나님과 친밀한 관계를 맺었다. 그 관계 속에서 하나님의 계시를 받았던 다니엘은 우리에게 큰 도전을 준다. 사도바울의 고백처럼 말이다.

> "그러므로 우리가 낙심하지 아니하노니 우리의 겉사람은 낡아지나
> 우리의 속사람은 날로 새로워지도다"_고후 4:16

우리의 겉 사람은 점점 쇠약해지지만, 속 사람은 반대다. 영혼은 날로 새로운 힘을 얻고, 영적 시력 역시 더욱 선명해질 수 있다. 다니엘은 나이가 들어도 위축되지 않았다. 세상은 나이가 들면 끝이라고 하지만, 그리스도인은 나이가 들어도 '하루하루가 새로운 시작이다!'라고 고백할 수 있다. 이것이 다니엘의 영성이다.

모세처럼, 영적 노안을 극복하라

몽골과 같은 대초원에 가 보면 끝도 없이 보이는 지평선을 마주하게 된다. 시야가 탁 트인 곳에 사는 몽골인들은 시력이 보통 사람과 비교할 수 없을 정도로 좋다. 몽골인의 평균 시력이 3.0 정도인데, 그 이유가 멀리 내다보는 습관을 지니고 있기 때문이라고 한다.

신명기는 노년의 모세에 대해 이렇게 표현하고 있다.

"모세가 죽을 때 나이 백이십 세였으나 그의 눈이 흐리지 아니하였고 기력이 쇠하지 아니하였더라"_신 34:7

'모세의 눈이 흐리지 아니하였다'라는 표현은 비단 육신의 눈을 말하는 것이 아니다. 그는 노년의 나이에도 백성에게 또렷하게 영적인 양식을 전달했기 때문이다. 그의 육신과 영적인 기력 또한 하나님 앞에서 여전함을 말해 주고 있다. 그렇다면 모세는 어떻게 영적 노안을 극복할 수 있었을까?

신명기는 모세가 백성에게 마지막 당부를 하는 장면이다. 신명기를 통해 모세의 시야가 어디를 향해 있었는지 알 수 있다. 그는 가나안 땅이라는 약속의 땅을 바라보며 소망했으며, 그에 관해 백성에게 설교했다. 가나안 땅은 그가 평생 향해 있던 방향이었다. 모세는 계속해서 하나님이 주신 약속의 땅을 바라보며 살아갔다. 그것은 모세의 영적 시력을 유지하게 했고, 그런 소망의 시각은 모세가 나이가 들어도 영적 노안을 겪지 않게 해 주었다.

우리에게도 하나님이 주신 소망의 눈이 있다면 영적 노안을 극복할 수 있다. 이 땅에서의 삶이 전부가 아니라 하나님의 나라가 이 땅에 도래하고 있음을 볼 수 있다면 우리는 영적 노안에 빠지지 않을 것이다. 우리 삶에는 죽음이라는 끝이 있지만, 그리스도의 부활과 그 능력이 우리에게 영생을 주셨음을 바라보며 영적 노안을 극복해야 한다.

갈렙처럼, 영적 노안을 극복하라

노년의 나이에도 남다른 모습을 보인 성경 인물이 또 있다. 바로, 갈렙이다. 갈렙은 85세의 나이에도 불구하고 당시 아낙 자손과 견고한 성읍이 있었던 산지 헤브론을 정복하겠다고 선언한다. 갈렙은 하나님께서 함께하시면 반드시 그 땅을 정복할 수 있다고 믿었다. 갈렙은 어떻게 영적 시력을 또렷하게 유지할 수 있었을까? 갈렙이 헤브론을 정복하겠다고 호언장담한 가장 큰 이유는 바로 하나님이 주신 약속을 믿었기 때문이다.

> "그러나 내 종 갈렙은 그 마음이 그들과 달라서 나를 온전히 따랐은즉 그가 갔던 땅으로 내가 그를 인도하여 들이리니 그의 자손이 그 땅을 차지하리라"_민 14:24

갈렙은 가나안 땅에 갔던 열두 정탐꾼 중에서 여호수아와 더불어 유이하게 하나님의 말씀을 믿고 도전하고자 했다. 그는 자신의 전쟁 기술이나 능력으로 그 땅을 차지하겠다고 말한 것이 아니었다. 오직 하나님이 주신 약속의 말씀을 믿음으로 도전했다.

갈렙처럼 나이가 들어도 영적인 시력을 유지하는 비결은 바로 하나님이 주신 약속의 말씀을 믿고 도전하는 것이다. 믿고 도전하는 자는 갈렙과 같이 믿음의 시력이 흐트러지지 않고, 나이와 상관없이 세상에 도전하는 믿음의 대장부로 살아갈 수 있다.

"오직 믿음으로 구하고 조금도 의심하지 말라 의심하는 자는 마치 바람에 밀려 요동하는 바다 물결 같으니 이런 사람은 무엇이든지 주께 얻기를 생각하지 말라 두 마음을 품어 모든 일에 정함이 없는 자로다"_약 1:6-8

【 Determination | 결심 】

이 땅에서 죽지 않고 승천한 에녹은 하나님과 동행하며 365세까지 살았다. 아브라함은 75세에 하나님의 부르심을 받았고, 하나님의 언약대로 사라가 아들 이삭을 낳은 때는 90세였으며, 야곱은 77세에 벧엘에서 서원 기도를 드렸다. 대홍수 때 하나님 말씀에 순종해 방주를 만들었을 때 노아의 나이는 무려 600세였다. 모세는 80세에 하나님의 사명자가 되었다. 예수님을 기다린 안나 선지자의 나이는 100세를 넘겼다. 나이는 숫자일 뿐, 하나님의 부르심에서 중요한 것은 순전한 믿음과 순종으로 무장한 영적 생기였다!

조선 땅에 복음이 들어온 지 한 세기가 훌쩍 지났다. 그동안 믿음의 선배들이 남긴 신앙의 전통과 믿음의 유산이 후배 크리스천들을 세우고 격려하는 데 크게 일조했음을 부인할 수 없다. 그러나 작금의 한국교회는 영적으로 노화하여 시들어 가고 있지는 않은지 염려스럽다.

영적으로 활기를 되찾기 위해서는 본질로 돌아가야 한다. 영적 생기를, 부흥의 원천을 찾아야 한다! 오직 그 길은 하나다. 주님의 십자가 보혈, 주님의 말씀이면 충분하다. 성령님과 날마다 동행하는 기도면 충분하다! 영적 생기를 회복하지 못하면 다음세대에게 전수할 믿음의 씨앗을 뿌릴 수 없게 된다.

19세기 미국의 시인 롱펠로Henry Wadsworth Longfellow는 '인생찬가'A Psalm of Life라는 시에서 세상을 살아가는 이들이 주님 안에서 도전하며, 꿈과 용기를 잃지 말기를 강력하게 권고한다.

In the world's broad field of battle,

In the bivouac of Life,

Be not like dumb, driven cattle!

Be a hero in the strife!

인생의 광대한 싸움터에서,

인생의 야영장에서,

말없이 쫓기는 가축의 무리는 되지 말자!

이 투쟁에 앞장서는 영웅이 되자!

Trust no Future, howe'er pleasant!

Let the dead Past bury its dead!

Act, — act in the living Present!

Heart within, and God o'erhead!

그저 미래가 달콤할 것이라는 사실에 현혹되지 말자!

과거의 일은 과거의 일로 돌리자!

활동하자, 살아 있는 현재를 위하여 활동하자!

가슴속엔 용기를 품고, 하늘 위엔 하나님이 계신다는 신념을 가지고!

세월을 탓하기 전에 눈을 들어 모든 걸 이루시는 하나님을 보라. 하나님께서는 영적 노안을 극복할 무궁한 지혜가 있으신 분이다. 환경과 상황을 다스리시는 분이다. 그러니 주님께 맡기고, 당신은 바로 지금, 당신이 서 있는 그곳에서 믿음의 도전을 시작하면 된다. 그리고 언젠가 하나님 앞에 서는 날, 나이가 아닌 부르심에 합당한 믿음의 삶을 살았노라고 주님께 고백할 수 있는 복된 인생이 되길 축복한다.

【 **E**xercise-guide | 훈련 】

❶ 인생 그래프를 그려 보고 지금껏 살아온 여정은 어땠는지, 그리고 앞으로 어떻게 살아갈 것인지 계획을 나누어 보라.

❷ 나이보다 더 중요한 기준이 되는 가치가 무엇인지 나누어 보고, 나이 때문에 포기했었지만 다시 용기를 얻어 실행할 것이 무엇인지 말해 보라.

❸ 영적 노안에 빠지지 않도록 새로운 생기를 주님께 간구하라. 청년 및 다음세대와 함께 세워 갈 하나님 나라의 비전을 그려 보라.

그러므로 우리가 낙심하지 아니하노니
우리의 겉사람은 낡아지나
우리의 속사람은 날로 새로워지도다
고린도후서 4장 16절

【 적용송 】

나를 지으신 주님

DAY 5

더욱, 더욱, 더욱
성령 충만을 받으라

—HOLY

———HABIT

—MOVEMENT

【 **Approach** | 도입 】

참된 행복

미국 아이비리그Ivy League에는 3대 명강의로 꼽히는 전설적인 강의가 있다. 예일대학교 셸리 케이건Shelly Kagan의 '죽음', 하버드대학교 마이클 샌델Michael Joseph Sandel의 '정의', 하버드대학교 탈 벤 샤하르Tal Ben Shahar의 '행복'이라는 강의다. 삶과 죽음의 본질에 대한 근본적인 의문을 던지고 고민하게 만드는 강의들이 젊은이의 마음을 사로잡고 있다.

우리가 살아가는 21세기는 최신 과학 기술로 무장한 시대이다. 과거에는 도저히 상상조차 할 수 없었던 일들이 눈 앞에 펼쳐지고 있다. 그만큼 우리의 다음세대가 살아갈 시대에는 또 어떤 일들이 이뤄질지 가늠조차 하기 힘들다. 그런데도 인간은 여전히 이러한 근원적인 질문에 목말라 있다. 과학과 기술이 아무리 발전해도 인간이 가진 가장 근원적인 질문은 해결되지 않는다. 아니, 복잡한 세상 속에서 오히려 더 심한 갈증을 일으키고 있다. '내가 왜 살아가는지', '죽음의 의미는 무엇인지', '이 땅에 정의正義라는 것이 존재한다면 그 정의定義란 무엇인지' 그리고 '나는 정말 행복할 수 있을지' 말이다. 이러한 질문 앞에 우리는 여전히 방황하고 있다.

그렇다면 그 답을 어디에서 찾을 수 있을까? 기독교에서 말하는 '복음'은 이러한 질문에 대해 분명한 해답을 제시한다. 독일의 개혁파 신학자인 올레비아누스Caspar Olevianus는 "인간의 행복은 어디에 있는가?"라는 질문에 다음과 같이 답했다. "모든 선과 영원한 행복의 유일한 근원이신 하나님과 연합하여 그와 사귀는 것에 있다." 그렇다. 인간이 누릴 수 있는, 아니 인간이 마땅히 가져야 하는 최고의 행복은 '하나님과 사귐을 누리는 것'이다. 이것이 바로 '성령 충만'이다. 인간은 하나님을 인격적으로 경험하고 만날 때에 진정한 행복을 누릴 수 있다. 세상의 거짓된 풍요와 평화가 아니라, 하나님으로만 채워질 수 있는 참된 평안을 누리기 위해서는 성령의 충만함이 필요하다.

세상은 기술과 과학의 발전이 인간을 완전하게 해 줄 거라 속여 왔다. 사람들은 더 많은 것을 갖기 위해, 더 많은 것을 쌓기 위해 열심히 달려왔다. 그러나 하나님이 창조하신 인간은 세상의 것들로는 결코 완전히 채워질 수 없다. 인간은 오직 삶의 근원이자 이유가 되시는 하나님을 만나고, 성령으로 충만할 때에만 참된 행복을 누릴 수 있다. 그렇기에 우리는 매일 성령님의 임재를 경험해야 한다. 우리가 하나님과 사귀기 위해서 하나님께 더 가까이 나아간다면 최고의 기쁨을 가질 수 있을 것이다.

【 Bible | 말씀 】

느부갓네살왕은 또다시 꿈을 꾼다. 처음 꿈을 꾸었을 때는 왕이 된 지 약 2년 정도 되었을 때였다. 그러나 이제는 상황이 달라졌다. 왕권이 안정되었고, 나라는 부국강병의 시대를 맞이하고 있었다. 그런데 또다시 한 꿈이 느부갓네살왕의 마음을 번민하게 한 것이다. 이때 느부갓네살왕을 번민에서 구원한 사람이 바로 다니엘이었다.

다니엘은 '성령으로 충만한 사람'이었다. 이러한 평가는 다니엘 스스로 주장한 것이 아니다. 느부갓네살왕의 해몽 사건을 통해 그가 성령으로 충만함이 드러났다. 성령 충만은 감추어지지 않는다. 숨겨지지 않고 분명하게 나타난다. 느부갓네살왕은 다니엘의 모습에서 '여호와의 영'이 사람 안에 충만히 거한다는 것이 어떤 것인지 깨닫게 되었다. 이에 '그의 안에는 거룩한 신들의 영이 있다'단 4:8라고 고백한다.

성령으로 충만한 사람에게는 비범한 능력이 나타난다. 육체의 것만을 추구하며 세상을 좇는 사람들과 분명히 다르기 때문이다. 우리는 성령으로 충만할 때 세상과 다른 방식으로 살 수 있다.

분명 세상과 다르지만, 세상의 중심에 당당히 서 있을 수 있다. 그 힘과 능력 역시 성령께서 주시기 때문이다. 다니엘을 보라! 그는 가장 세속적인 곳, 왕궁에서 살았다. 그러나 여호와의 영으로 충만하자, 한 나라의 왕까지도 감명시켰다. 이것이 다니엘의 삶이었다. 그리고 오늘날 우리 그리스도인이 살아 내야 할 모습이다.

그렇다면, '성령 충만한 삶'이란 대체 무엇일까? 우리 역시 다니엘의 모습을 통해 그 삶을 배우길 소망한다. 한 나라의 왕인 느부갓네살조차 감동시켰던 성령 충만한 자의 모습이 우리에게도 나타나야 한다. 절대 불가능하지 않다. 성령 충만을 구할 때 그 힘 또한 성령께서 주신다. 다니엘이 제시하는 성령 충만의 길을 따라가라!

【 Challenge point ㅣ 도전 】

세상이 규정하는 대로 살지 말라

"그 후에 다니엘이 내 앞에 들어왔으니 그는 내 신의 이름을 따라 벨드사살이라 이름한 자요"_단 4:8a

그 누구도 느부갓네살왕의 꿈을 해석하지 못했다. 마침내 다니엘이 꿈을 해석하기 위해 왕 앞에 서게 된다. 왕은 다니엘을 '벨드사살'이라고 불렀다. 벨드사살은 '벨이여, 그의 생명을 지켜 주소서!'라는 뜻이다. 이스라엘에서 바벨론 포로로 끌려온 다니엘에게 붙여진 바벨론식의 이름이었다. 그의 본래 이름인 '다니엘'은 '여호와가 나의 심판자입니다!'라는 의미이다. 다니엘의 나라는 멸망했기에 '벨드사살'은 자유를 잃어버린 포로의 이름이었다. 그의 부모가 지어 준 다니엘이라는 이름에는 여호와가 담겨 있었지만, 세상이 규정한 이름은 이방의 신 '벨'에게 속해 있었다.

느부갓네살왕은 그의 이름을 부름으로써, 그가 패배자이며, 포로라는 것을 되새겨 주었다. 그러나 다니엘은 그들의 가르침을 따르지 않았다. 세상에서 주어진 자신의 이름과 신분에 매이지 않았다. 자신의 삶을 판단하실 분, 자신의 인생을 판결하실 유일한 분이 오직 여호와 하나님이시라는 것을 확신하며 살았다. 다니엘의 기준은 하나님이었다. 그는 하나님의 백성이었고, 심판하실 하나님 보시기에 의로운 결정을 내리며 살았다. 이 세상을 살면서 부득이하게 이중적인 정체성을 지녀야 하지만, 바른 분별력으로 자신의 소신을 확고하게 가졌던 사람이 바로 다니엘이었다.

우리는 세상에서 어떻게 불리고 있는가? 패배자요, 포로로 불리고 있지는 않은가? 성공하지 못한 실패자, 돈과 권력에서 자유롭지 못한 노예로 불리고 있지 않은가? 속지 말라! 세상이 규정한 것에 매이지 말라. 세상은 우리에게 끊임없이 속삭일 것이다. 더 높은 지위에 오르지 못하면 생명을 지킬 수 없다고, 돈이 너의 생명을 지켜 줄 실제적인 신이라고 말이다. 세상이 달아 놓은 꼬

리표에 흔들리지 말라! 세상의 포로가 아닌, 성령이 충만한 자유인으로 살아가라!

하나님의 뜻을 말하라

"그의 안에는 거룩한 신들의 영이 있는 자라"_단 4:8b

느부갓네살왕은 다니엘을 향해 '그 안에 거룩한 신들의 영이 있는 자'라고 평가한다. 느부갓네살은 왕으로서 세상의 허다한 권력자들을 만나 보았을 것이다. 숱한 지식인을 신하로 부리고, 세상의 뛰어난 것들을 수없이 접했을 것이다. 그런데도 그가 만난 다니엘은 세상과 급이 다른 '탈 세상' 급의 사람이었다. 어떻게 다니엘은 이러한 평가를 받았는가? 다니엘이 세상의 모든 금, 은, 보화를 가져서가 아니다. 그가 세상의 힘 있는 장수보다도 더 뛰어난 힘을 가져서도 아니다. 심지어 세상의 모든 학문을 섭렵해서 모르는 것이 없기 때문도 아니다. 다니엘이 세상이 줄 수 없는 무언가를 느부갓네살왕에게 주었기 때문이다.

"박수장 벨드사살아 네 안에는 거룩한 신들의 영이 있은즉 어떤 은밀한 것이라도 네게는 어려울 것이 없는 줄을 내가 아노니 내 꿈에 본 환상의 해석을 내게 말하라"_단 4:9

느부갓네살왕이 구한 것은 '은밀한 것'이었다. 사람의 능력으로는 풀 수 없는 문제로, 세상에 속한 그 어떤 권력자도, 부자도, 지혜자도 그에게 이 꿈을 해석해 줄 수 없었다. 이에 느부갓네살왕은 거룩한 신들의 영으로 가득한 다니엘에게 묻고 있다. 하나님의 뜻이 무엇인지, 하나님의 의도가 무엇인지 묻는다. 이는 오직 하나님의 영으로 충만한 사람만 알 수 있는 문제다.

이 세상에는 성령으로 충만한 그리스도인만이 할 수 있는 일들이 있다. "육신을 따르는 자는 육신의 일을, 영을 따르는 자는 영의 일을 생각하나니"롬 8:5라는 말씀처럼 육신을 따라 살아가는 사람은 결코 알 수 없는 영적인 영역이 있다. 성경은 "육신의 생각은 사망이요 영의 생각은 생명과 평안이니라 육신의 생각은 하나님과 원수가 되나니 이는 하나님의 법에 굴복하지 아니할 뿐 아니라 할 수도 없음이라"롬 8:6-7라고 말한다. 즉, 세상의 지혜로는 결코 생명과 평안에 관한 하나님의 뜻을 알 수도 없다. 오직 하나님의 뜻으로 사는 사람들만 가능하다. 성령의 충만함은 하나님이 기뻐하시는 뜻을 알게 해 준다. 그래서 세상이 줄 수 없는 생명과 평안을 누리게 한다. 이 일을 할 수 있는 사람은 오직 성령으로 충만한 사람뿐이다.

모든 그리스도인은 성령으로 충만해야 한다. 그래서 이 세상을 향한 하나님의 기뻐하시고 온전하신 뜻이 무엇인지 분명히 알려 줘야 한다. 이 일은 오직 하나님의 사람만이 할 수 있다. 세상을 향해 외치라! 무엇이 하나님을 기쁘시게 하는지, 참 생명과 평안이 무엇인지, 우리는 담대히 외쳐야 한다. 그것이 우리에게 주어진 사명이다.

한 영혼을 구원하라

"내가 그에게 꿈을 말하여 이르되"_단 4:8b

느부갓네살왕은 자신이 꾼 꿈과 환상을 다니엘에게 말한다. 이 문제는 오랫동안 그를 괴롭히던 것이었다. 모든 것을 가지고, 모든 것을 누리던 그였지만, 자신의 소유와 힘으로 결코 해결하지 못한 문제였다.

> "한 꿈을 꾸고 그로 말미암아 두려워하였으니 곧 내 침상에서 생각하는 것과 머리 속으로 받은 환상으로 말미암아 번민하였었노라"
> _단 4:5

느부갓네살왕은 이 문제에 매여 두려움과 번민에 떨어야 했다. 세상의 무엇도 마음의 감옥에서 나갈 출구를 가르쳐 주지 않았다. 세상의 모든 것을 가졌지만, 어느 것으로도 해답을 찾을 수 없었기에 더 큰 절망에 빠져야 했다. 즉, 느부갓네살왕은 단순히 '꿈'의 해석을 구한 것이 아니었다. 자신을 감싸고 있는 두려움과 번민의 원인, 존재의 근원적인 문제, 생명이 걸린 문제의 답을 구한 것이었다.

사람은 누구나 절망과 두려움을 안고 살아간다. 그리고 문제를 털어놓을 상대를 필요로 한다. 수천 년 전의 느부갓네살왕이나, 오늘을 살아가는 우리나 동일하게 삶의 문제를 품고 있다. 많은 사람이 각자 삶에서 다양한 두려움과 번민을 경험한다. 이 문제를 해결해 줄 수 있는 사람은 오직 성령으로 충만한 사람뿐이다. 하나님은 성령 충만한 사람을 선한 도구로 사용하신다. 하나님은 성령 충만한 사람을 통해 세상에 속한 자들을 구원하신다. 즉, 성령 충만한 삶이란 하나님의 손에 붙들린 삶을 뜻한다. 하나님의 마음으로 품고, 하나님의 시선을 가지고 한 영혼을 구원해 내는 것이 성령으로 충만한 자의 삶이다.

하나님은 우리에게 성령으로 충만할 것을 명하신다. 하나님의 거룩한 도구가 되어 두려움과 번민에 빠진 자를 구원하기 원하신다. 지금 내 주변에 두려움과 번민에 빠진 자가 있진 않은가? 세상이 줄 수 없는 평안이 필요한 자가 있진 않은가? 그 영혼을 구원하기 위해 나아가라! 그것이 바로 성령으로 충만한 자의 삶이다.

【 Determination | 결심 】

오직 성령으로 충만한 자만이 영향력 있는 그리스도인으로, 하나님 손에 붙들린 거룩한 도구로 사용될 수 있다. 세상이 규정하는 대로 자신을 바라보지 말라. 세상이 제시하는 것을 인생의 기준으로 삼지 말라. 세상은 우리를 '벨드사살'이라고 부르고 싶어 한다. 우리에게 세상에 속했으니 세상의 지배에서 벗어날 수 없다고 말할 것이다. 지금껏 많은 사람이 이 거짓말에 속은 채 살아왔다. 더 높이 올라가기 위해, 더 많이 가지기 위해 서로를 짓밟고 살아왔다. 그리고 우리 역시 이 말에 속아 왔다. 그러나 그 위에는 결코 참된 평안도, 참된 행복도 존재하지 않는다. 만약 그곳에 진짜 행복이 있다면 느부갓네살왕이 가장 먼저 그것을 누렸을 것이다.

세상은 우리에게 꼬리표를 달아 주려고 한다. 마치 가축의 귀에 달아 놓은 표식처럼 내가 세상에 속한 자임을 표시하려고 한다. 세상을 벗어나서는 결코 행복할 수 없을 것이며, 살아가지 못할 거라는 두려움을 심어 준다. 그러나 하나님의 사람은 속지 말아야 한다. 참된 행복과 평안은 오직 하나님으로 충만할 때 느낄 수 있다.

세상은 성령으로 무장한 자를 두려워한다. 더 이상 자신의 거짓말이 통하지 않기 때문이다. 오히려 성령으로 충만할 때 우리는 세상을 치유할 수 있다. 담대히 하나님의 뜻을 선포하고,

세상의 거짓말에 지친 자들을 위로할 수 있다. 성령의 충만함을 구하라! 더욱, 더욱, 더욱 성령으로 무장하라! 그리고 하나님이 기뻐하시는 뜻을 담대히 외치라! 그 복음으로 두려움과 번민에 갇혀 있는 영혼들을 구원하라! 그것이 바로 성령으로 충만한 자의 삶이다.

【 Exercise-guide | 훈련 】

1 하나님과의 사귐만이 인간의 근원적인 갈망을 만족시킨다. '성령 충만'이 인간을 가장 행복하게 하는 이유는 무엇인가?

2 불이익을 받을지 몰라 세상과 타협하고 있진 않은가? 정체성을 바르게 규정하고, 하나님이 부르신 자리에서 나의 역할을 분명히 정하라.

3 지금 우리 공동체는 어떤 난항을 겪고 있는가? 내가 속한 공동체에서 하나님의 뜻을 담대하게 전하라.

무릇 하나님의 영으로
인도함을 받는 사람은
곧 하나님의 아들이라
로마서 8장 14절

【 적용송 】

너는 그리스도의 향기라

DAY 6

#시선

내 삶의 전부,
하나님께 시선을 고정하라

HOLY

HABIT

MOVEMENT

【 **A**pproach | 도입 】

산다는 것이 황홀하다

『산다는 것이 황홀하다』라는 책을 쓴 다하라 요네코田原米子는 고등학생 시절에 어머니가 갑자기 세상을 떠났다. 갑작스럽게 맞닥뜨린 어머니의 죽음은 사춘기 소녀에게 너무나 큰 충격이었다. 어머니의 죽음으로 인한 두려움과 불안감을 잊기 위해 그녀는 음악 다방에 드나들며 술과 담배를 즐겼다. 하지만 마음 한편에는 '나를 붙잡아 줄 사람은 없는 걸까?' 하는 생각이 떠나지 않았다.

평생을 그렇게 살고 싶지 않았던 요네코는 사람들을 만날 때마다 "왜 살아야 하는지 삶의 이유를 가르쳐 주세요"라고 말했다. 하지만 아무도 삶의 이유를 가르쳐 주지 않았다. 아니, 가르쳐 줄 수 없었다. 하루는 신뢰하던 선생님을 찾아가 진지하게 "저는 왜 살아야 할까요?"라고 물었지만, 선생님은 "그런 생각할 시간 있으면 공부나 하렴"이라고 말씀하셨다.

'나는 살고 싶다. 그러기 위해서는 목적이 있어야 한다. 그러나 그것을 어디서 찾아야 할지 나는 알 수 없다. 누군가 가르쳐 주기를 바라지만 누구도 가르쳐 주지 않는다.'

삶의 이유를 찾지 못해 방황하던 요네코는 추운 겨울밤에 끝내 신주쿠행 전철에 몸을 내던졌다. 삶의 이유를 찾지 못해 자살을 시도한 것이다. 하지만 그녀가 눈을 뜬 곳은 바로 병원이었다. '죽지 않고 살아 있구나…'라는 생각과 동시에 몸을 일으켰을 때, 두 발과 왼쪽 팔이 없는 것을 발견했다. 남은 것은 오직 오른손의 손가락 세 개뿐이었다. 절망에 빠진 요네코는 이후로도 자살을 시도했지만 죽을 수가 없었다.

그러던 중 병원에서 복음을 전하는 아키토시라는 청년을 만나게 되었고, 그가 준 성경을 통해 마침내 인생의 의미를 찾을 수 있었다. 이후 그녀는 복음을 전해 준 아키토시와 결혼해 두 딸을 키우며 목회자의 아내로 복음을 위하여 살다가 2005년에 세상을 떠났다. 요네코는 하나님을 만난 후 이렇게 고백할 수 있었다. "산다는 것이 황홀하다!" 우리는 하나밖에 없는 생명을 가지고 한 번뿐인 인생을 살아간다. 삶의 이유를 알지 못하고 살아간다면 그만큼 방황할 수밖에 없고 불행할 수밖에 없다. 단 하루를 살더라도 삶의 이유를 알고 살아야 한다.

"내가 또 밤 환상 중에 보니 인자 같은 이가 하늘 구름을 타고 와서 옛
적부터 항상 계신 이에게 나아가 그 앞으로 인도되매 그에게 권세와
영광과 나라를 주고 모든 백성과 나라들과 다른 언어를 말하는 모든
자들이 그를 섬기게 하였으니 그의 권세는 소멸되지 아니하는 영원한
권세요 그의 나라는 멸망하지 아니할 것이니라"_단 7:13-14

다니엘 2장과 7장은 비슷한 내용으로 구성되어 있다. 2장은
느부갓네살왕의 환상을 해석하는 장면이다. 이 장면은 온 인류의
역사를 주관하시는 하나님의 나라에 대한 청사진을 보여 준다.
그리고 인간이 세계의 역사를 주도하고, 강대국이 역사의 중심에
있는 것 같지만 역사를 주관하시는 유일한 주권자는 하나님 한
분뿐임을 보여 준다.

7장 내용은 다니엘이 직접 꿈에서 환상을 본 내용으로 구성
된다. 7장에서는 뿔이 달린 네 짐승이 나오는데 각각 차례대로 바
벨론, 메대와 바사, 알렉산더 제국, 로마를 상징한다. 이러한 강대
국들을 주축으로 한 인류 역사를 하나님이 주관하시며, 이렇게
강력한 국가들도 결국에는 하나님의 주권에 의해 지배될 수밖에
없음을 드러낸다. 그러면서 모든 권세 위에 뛰어난 권세를 가진
이가 등장한다. 바로 7장 13절에 나오는 '인자 같은 이'를 하나님
이 높이신다. 그를 통해 세워지는 하나님의 나라는 영원할 것이

고 결코 소멸되거나 멸망하지 않을 것이다.

【 Challenge point ┃ 도전 】

인생이 어려울 때 하나님께 시선을 고정하라

다니엘은 바벨론 포로로 오랜 기간 살았다. 어린 시절 바벨론으로 와서 바벨론이 바사에게 밀려날 때까지 오랜 세월 이스라엘의 회복을 소망하며 살았을 것이다. 이 기간에 다니엘이 받았을 서러움은 이루 말할 수 없는 아픔이었을 것이다. 무엇보다 하나님의 이름을 높여 드려야 하는 하나님의 백성이 이방 민족에게 짓밟힌 채 살아간다는 것이 매우 큰 고통이었을 것이다.

하나님은 이런 이스라엘에 선지자들을 통하여 회복을 명하셨다. 다니엘은 선지자의 묵시가 이루어지기를 간절히 기다리고 있었을 것이다. 그러나 현실을 바라보면 그 묵시가 이루어질 기미가 보이지 않았다. 눈앞의 현실에 때론 암담함을 느꼈을 것이다. 언제 이루어질 줄 모르는 하나님의 약속을 기다리며 그 마음의 소원도 점점 간절해 갔을 것이다.

하지만 다니엘은 현실을 바라보며 좌절하고 있지 않았다. 온전히 하나님을 바라보며 묵시가 이루어지기를 간구했다. 그는 기도를 통해 하나님께 시선을 고정하여, 현실 속에는 보이지 않는 하나님의 역사가 영적인 세계에서 진행되고 있음을 환상과 계시로 알 수 있었다. 다니엘이 만일 하나님께 시선을 고정하며 기도하지 않았다면 기나긴 시간 동안 이루어지지 않는 기도에 마음이 침체되어 녹아내렸을 것이다. 다니엘은 하나님의 일하심이 전혀 보이지 않을 때에도 하나님 앞에 간절히 기도하는 시간을 가졌다. 하나님은 그런 다니엘에게 어떤 환상을 보여 주셨는가?

> "그가 장차 지극히 높으신 이를 말로 대적하며 또 지극히 높으신 이의 성도를 괴롭게 할 것이며 그가 또 때와 법을 고치고자 할 것이며 성도들은 그의 손에 붙인 바 되어 한 때와 두 때와 반 때를 지내리라 그러나 심판이 시작되면 그는 권세를 빼앗기고 완전히 멸망할 것이요 나라와 권세와 온 천하 나라들의 위세가 지극히 높으신 이의 거룩한 백성에게 붙인 바 되리니 그의 나라는 영원한 나라이라 모든 권세 있는 자들이 다 그를 섬기며 복종하리라"_단 7:25-27

하나님이 다스리시는 나라는 결코 패배하지 않는다. 하나님이 보내신 지극히 높은 자는 결국 하나님의 백성과 함께 모든 나라와 권세들 앞에 복종하게 된다. 하나님은 여전히 역사하고 계시며, 하나님의 백성을 버리시지 않으셨기에 반드시 최후에 승리하게 될 것이다.

우리도 인생이 어려우면 어려울수록 하나님께 시선을 고정해야 한다. 반드시 승리하시는 하나님의 역사하심에 우리의 시선을 고정해야 한다. 최후에 우리에게 승리를 주실 것을 믿고 바라봐야 한다.

현실 속에서 나의 무능함과 나를 무력하게 만드는 현실의 상황에 시선을 고정하지 말아야 한다. 어렵고 힘들 때일수록 결국 나를 승리케 하실 역전의 하나님께 시선을 고정해야 한다.

시선(See! Son), 예수님께 시선을 고정하라

본문 내용의 결론은 바로 인자 같은 이가 와서 영원한 나라를 통치하고 다스린다는 것이다. 각박한 현실 속에 하나님이 다니엘에게 주신 위로는 바로 '인자 같은 이'였다.

> "내가 또 밤 환상 중에 보니 인자 같은 이가 하늘 구름을 타고 와서 옛적부터 항상 계신 이에게 나아가 그 앞으로 인도되매 그에게 권세와 영광과 나라를 주고 모든 백성과 나라들과 다른 언어를 말하는 모든 자들이 그를 섬기게 하였으니 그의 권세는 소멸되지 아니하는 영원한 권세요 그의 나라는 멸망하지 아니할 것이니라"_단 7:13-14

그렇다면 그 '인자 같은 이'는 누구를 말하는 것일까?

> "그들이 산에서 내려올 때에 예수께서 경고하시되 인자가 죽은 자 가운데서 살아날 때까지는 본 것을 아무에게도 이르지 말라 하시니"_막 9:9

예수님은 자신이 구약에서 예언하고 있는 인자임을 드러내셨다. 다니엘서에 나오는 '인자 같은 이' 역시 예수님이다. 다니엘이 각박한 현실 속에서 유일한 소망을 붙들고 바라보고 있었던 대상은 바로 인자이신 예수 그리스도이다.

인생이 어려울수록 다니엘처럼 예수님께 시선을 고정해야 한다. 예수님은 우리의 유일한 소망이 되신다. 인자 같은 이는 이스라엘의 모든 상황을 종료하고 해결해 주신다. 그리고 영원한 승리와 권세로 우리를 다스리신다. 우리의 모든 환란과 고통의 상황, 억압과 압제의 상황을 종결하신다. 우리는 문제를 부여잡고, 무거운 짐을 홀로 지고 살아가지 않아도 된다. 우리는 우리의 문제를 함께 짊어지는 최후의 해결사이신 예수님이 계신다.

> "수고하고 무거운 짐 진 자들아 다 내게로 오라 내가 너희를 쉬게 하리라"_마 11:28

예수님은 우리에게 수고하고 무거운 짐을 가지고 나오라고 말씀하신다. 주님은 모든 문제를 해결해 주시며, 우리를 진정으로 쉬게 해 주신다. 우리는 오직 예수님의 십자가 앞에서 참된 쉼을 누릴 수 있다. 예수님의 십자가의 복음은 세상의 손가락질과 마귀의 참소와 정죄로부터 우리를 자유하게 한다. 예수님은 우리의 힘겨운 현실을 함께 견디고 공감하신다. 이 땅에 오셔서 우리의 고통과 아픔을 함께 짊어지셨기 때문이다.

"우리에게 있는 대제사장은 우리의 연약함을 동정하지 못하실 이가 아니요 모든 일에 우리와 똑같이 시험을 받으신 이로되 죄는 없으시니라"_히 4:15

예수님이 이해하시지 못할 고난과 고통은 없다. 예수님은 우리의 아픔에 공감하시며, 아픔과 상처를 싸매 주신다. 예수님 역시 우리와 똑같이 시험을 받으셨기 때문이다.

우리를 사랑하시어 자신의 물과 피를 다 쏟으신 그 예수님 앞에 시선을 고정하라. 바벨론 속에서 포로가 되어 살아가는 것 같은 감옥과 같은 상황 속에서, 답답한 현실 속에서 참된 안식과 쉼을 주시는 진정한 해결사를 만나게 될 것이다.

【 Determination ｜ 결심 】

예수님은 33년의 인생과 3년의 공생애 기간, 짧은 시간이었지만 삶의 이유와 목적을 분명히 알고 사셨다.

"예수께서 이 말씀을 하시고 눈을 들어 하늘을 우러러 이르시되 아버지여 때가 이르렀사오니 아들을 영화롭게 하사 아들로 아버지를 영화롭게 하게 하옵소서"_요 17:1

예수님의 인생의 목적은 아버지를 영화롭게 하는 것이었다. 그 사명을 이루기 위해 이 땅에 오셨고, 십자가를 지고 죽음을 당하셨다. 또한 사망 권세를 이기고 부활하셨다. 그렇다면 주님의 몸 된 교회인 우리의 인생의 목적도 하나님을 영화롭게 하는 것이 되어야 하지 않겠는가?

우리가 인생의 목적을 알고, 하나님께서 맡기신 사명을 따라 살아갈 때 주어지는 축복이 있다. 바로 '임마누엘'의 축복이다. 우리가 항상 하나님이 기뻐하시는 일을 행하면 하나님은 절대로 우리를 혼자 두지 않으신다. 그러니 자신의 욕망을 이루기 위하여 외롭고 고독하게 인생을 살지 않길 바란다. 하나님께 시선을 두고, 하나님께서 주신 사명을 따라 행하면서 주님과 동행하는 매일의 삶이 우리에게 주어진 황홀한 축복이다. 예수님을 만나면 우리 인생이 재해석된다. 우리는 모두 깨어진 질그릇과 같은 연약한 존재이다. 그러나 우리 안에 빛이요, 보배이신 예수님을 모시면 그 질그릇에 담긴 복으로 인해 고귀한 가치를 누리게 된다.

오늘 당신의 인생이 위기 가운데 있는가? 혹 새로운 도전에 직면해 있는가? 그렇다면 내 눈이 아닌 하나님의 눈으로, 오직 믿음으로 그것을 바라보라. 빛 되신 주님이 우리 안에 거하시면 어떤 인생의 고난과 도전에 직면해도 희망을 노래할 수 있다. 그것이 바로 하나님의 사람이 바라보는 시선이다. 매일 아침, 예수님으로 내 인생을 재해석하며 십자가의 풍성한 은혜를 누리기를 기도하라. 주님은 언제나 우리의 소망이 되신다.

【 Exercise-guide | 훈련 】

❶ 지금 인생에서 가장 시급한 일, 관심 있는 일이 무엇인가? 나의 시선과 하나님의 시선에서 점검 및 비교해 보라.

❷ 같은 일을 두고 나의 시선에서 직면했을 때와 하나님의 시선에서 다가갔을 때 달라진 경험이나 은혜가 있으면 나누어 보라.

❸ 하나님께 시선을 두는 데 가장 방해가 되는 것은 무엇인가? 지금부터 말씀과 기도의 자리에서 분투하라!

내가 또 밤 환상 중에 보니

인자 같은 이가 하늘 구름을 타고 와서

옛적부터 항상 계신 이에게 나아가

그 앞으로 인도되매

그에게 권세와 영광과 나라를 주고

모든 백성과 나라들과 다른 언어를 말하는

모든 자들이 그를 섬기게 하였으니

그의 권세는 소멸되지 아니하는 영원한 권세요

그의 나라는 멸망하지 아니할 것이니라

다니엘 7장 13-14절

【 적용송 】

시선

DAY 7

#평안

주님의 은총으로
지속적인 평안을 누리라

HOLY HABIT

HABIT

MOVEMENT

【 **A**pproach | 도입 】

Shalom!

성도끼리 종종 "샬롬!"이라고 인사하곤 한다. 샬롬은 히브리어로 '평화'平和, '평안'平安, '평강'平康을 의미한다. 우리나라의 인사말인 '안녕'安寧과 의미가 닮았다. 그럼 구체적으로 '샬롬'은 어떤 상태인가? 가스펠서브에서 쓴 『교회용어사전』에 따르면 샬롬은 다음을 의미한다.

① 국가 간에 전쟁이나 분쟁이 없는 평화로운 상태
② 가정에서 불화가 없는 행복한 상태
③ 가난과 궁핍 등 경제적 고통에서 자유로운 상태

즉, 몸과 마음이 모두 평안하여 걱정이 없는 상태가 '샬롬'이다.

한편, 에베소서, 빌립보서, 골로새서, 빌레몬서는 옥중서신이라고 불린다. 바울이 감옥에 갇힌 상태에서 쓴 편지이기 때문이다. 바울은 골로새 성도에게 편지를 쓰면서 다음과 같이 기록한다.

"그리스도의 평강이 너희 마음을 주장하게 하라 너희는 평강을 위하여 한 몸으로 부르심을 받았나니 너희는 또한 감사하는 자가 되라"
_골 3:15

편지를 쓴 바울이야말로 '평강'이라는 단어와 어울리지 않는 환경에 있었다. 그는 감옥에 갇혀 언제 죽을지 모르는 상황이었다. 가장 불안정한 상황에서도 바울은 '평강'을 말한다. 심지어 그 평강이 마음을 주장하게 하라고 외친다. '주장하게 하라'는 그리스도의 평강이 너희 마음을 다스리도록 하라는 뜻이다. 마치 경기 중 심판이 판정을 내리듯이, 그리스도의 평강이 마음을 판단하고 결정하도록 하라는 것이다. 바울의 편지에서 알 수 있듯이 하나님이 주시는 평강은 외적인 환경에 좌우되지 않는다. 하나님의 샬롬은 상황과 환경에 상관없이 누릴 수 있는 평안이다.

많은 사람이 외부의 환경에 영향을 받고, 심지어 지배받으며 살아간다. 우리는 끊임없이 무언가에 마음을 빼앗기며 살아간다. 어떤 사람은 돈을 사랑하여 돈이 자신의 마음을 지배하게 내버려 둔다. 어떤 사람은 자신의 욕심을 이루기 위해 전심을 쏟아붓는다. 더 가지려 하고, 더 높아지려 하고, 더 조종하고 싶어 한다.

그런 모습은 마치 사람이 주도적으로 움직이는 것처럼 보이지만, 실상은 그 대상에 마음을 사로잡혀 조종당하는 것이다.

바울은 우리가 처한 상황과 환경에 상관없이, 오히려 그것을 초월해 그리스도의 평강에 지배받으라고 말한다. 평강을 누리는 것이야말로 그리스도인의 사명이다. 우리 마음에 지속적인 평안을 주시는 분은 오직 예수 그리스도이시다. 그리스도의 평강이 우리의 마음을 지배하지 않을 때, 우리는 세상의 헛된 것에 지배받게 된다.

【 Bible ㅣ 말씀 】

"나 느부갓네살이 내 집에 편히 있으며 내 궁에서 평강할 때에"

_단 4:4

어느 날, 느부갓네살왕이 꿈을 꾸었다. 그는 꿈을 꾸기 전 자신의 상태를 '평강의 때'라고 말한다. 모든 환경이 평안했다. 가정도, 나라도 모두 굳건하게 세워져 있었다. 그는 승리와 번영의 기쁨에 취해 있었고, 세상 그 무엇도 평안을 빼앗을 수 없을 것 같았다. 그러나 허망하게도 평강이 한순간에 깨어진다. 그것도 손에 잡히지 않는 꿈 하나 때문에 말이다.

"한 꿈을 꾸고 그로 말미암아 두려워하였으니"_단 4:5a

평안이 사라지고 두려움이 찾아왔다. 그의 평안은 고작 꿈 하나에 사라질 만큼 연약했다. 이처럼 외부의 환경에 의존한 평안은 내면의 두려움까지 해결해 주지 못한다. 그는 두려움 앞에 아무런 대처도 할 수 없었다. 그것이 그가 가진 평안의 실체였다. 이에 다니엘은 느부갓네살왕에게 참된 평안을 얻는 방법을 알려 준다. 다니엘은 이 땅을 다스리시는 분이 하나님이심을 깨달을 때, 왕의 나라가 견고해질 수 있다고 말한다단 4:26. 그렇다. 참된 평안의 하나님을 알 때 가능하다. 평안의 열쇠이신 하나님만이 평안을 회복시킬 수 있다.

> "그런즉 왕이여 내가 아뢰는 것을 받으시고 공의를 행함으로 죄를 사하고 가난한 자를 긍휼히 여김으로 죄악을 사하소서 그리하시면 왕의 평안함이 혹시 장구하리이다 하니라"_단 4:27

다니엘은 느부갓네살왕의 꿈을 해석해 준 후, 왕에게 진심 어린 조언을 한다. 그에게 지속적인 평안을 누리는 방법을 알려 주며, 공의를 행하며 죄를 사하라고 말한다. 여기서 '사하라'는 '죄악을 끊어 버리라'라는 뜻이고, '가난한 자를 긍휼히 여기라'는 백성을 압제하지 말라는 뜻이다. 죄악을 끊어 버리고 옳은 일을 할 때, 하나님께서 지속적인 평안을 주신다. 우리는 평안을 누리되

지속해서 누려야 한다. 외부의 환경에 의지한 평안은 절대로 영원하지 않다. 작은 바람에도 쉬이 사라져 버리는 안개와 같을 뿐이다. 오직 하나님만이 참되고 지속적인 평안을 우리에게 주실수 있다.

【 Challenge point | 도전 】

하나님의 말씀을 받으라

"그런즉 왕이여 내가 아뢰는 것을 받으시고 공의를 행함으로 죄를 사하고 가난한 자를 긍휼히 여김으로 죄악을 사하소서 그리하시면 왕의 평안함이 혹시 장구하리이다 하니라"_단 4:27

다니엘은 "그런즉"이라고 말한다. 앞의 내용과 연결해서 보면, '하나님의 다스리심을 깨닫고 나면' 평안함이 장구할 것이라는 뜻이다. 근원적이고 지속적인 평안은 하나님을 깨달을 때 가능하다. 온 세상과 우리의 삶을 통치하고 다스리시는 분이 하나님이심을 알 때 우리는 평안을 누릴 수 있다. 그렇기에 평안을 누리기 위해서는 우리의 시선을 하나님께 맞춰야 한다. 빈집의 문은 아무리 두드려 봤자 열리지 않는다. 더 세게, 더 간절하게 두드려 봤자 열 수 없다. 문을 열어 줄 주인이 있는 집을 두드려야 한다. 많은 사람이 평안을 찾지만, 빈집을 향해 소리를 치고, 사람이 없는 곳을 향해 도움을 청하곤 한다. 그래서 부단히 노력함에도 낙심할 때가 많다. 우리는 평안을 주시는 분이 하나님이심을 인정해야 한다. 평안은 여기서부터 시작된다.

하나님으로부터 평안이 온다는 사실은 인간이 가진 한계를 허물어 준다. 느부갓네살은 왕이었고, 다니엘은 그의 신하였다. 어찌 신하가 왕에게 평안을 줄 수 있겠는가? 더 많이 가진 자, 더 힘이 센 자는 느부갓네살이었다. 그러나 하나님은 왕도 수혜자가 되게 하시고, 신하도 주도권을 쥘 수 있게 만드신다. 그렇기에 아무리 연약한 자라도 하나님의 평안을 흘려 보낼 수 있다. '내 주제에 무슨 평안을 나누어 주나? 나나 잘해야지'라는 생각은 하나님의 사람에게 해당하지 않는다. 평안의 주체가 오직 하나님이시기 때문이다. 하나님의 주권을 따라 행하는 사람이라면 누구나 평안을 전할 수 있다.

평안은 하나님의 다스리심을 깨달을 때 온다. 하나님의 말씀을 인정하며 순종하는 자에게 평안이 임한다. 그렇기에 우리 역시 다니엘처럼 사람들에게 '아뢰어야' 한다. 하나님의 말씀이 선포되고, 그 말씀에 순종으로 반응할 때 평안은 흘러간다. 지속적인 평안을 누리기 위한 첫 번째 단추는 '하나님의 말씀을 받는 것'이다.

"오직 내 말을 듣는 자는 평안히 살며 재앙의 두려움이 없이 안전하리라"_잠 1:33

평안을 누리며 원하는가? 하나님의 음성을 들으라! 세상의 잡다한 소리를 듣기 전, 하나님의 말씀을 들으라. 평안이 하나님께 있음을 인정하고, 그분이 통로로 사용하시는 사람들을 통해 하나님의 말씀을 들어야 한다.

공의를 행함으로 죄를 끊어 버리라

"공의를 행함으로 죄를 사하고"_단 4:27b

다니엘은 느부갓네살왕에게 지속적인 평안을 누리기 위해 '공의를 행함으로 죄를 끊어 버리라'라고 말한다. 공의는 왕이 마땅히 행해야 할 사명이다. 왕은 공정하게 판단하고, 의롭게 행동해야 한다. 그래야 나라가 평안하고, 백성이 행복할 수 있기 때문이다.

하나님께서 내게 주신 사명을 잊어버릴 때 평안도 사라진다. 하나님께서 우리를 각자의 자리에 놓으신 것은, 하나님의 말씀대로 그 자리에서 살아가게 하기 위함이다. 우리는 세상으로 보냄을 받은 하나님의 대사大使이다. 그렇기에 사명을 잊으면, 거대한 세상의 파도에 휩쓸려 방황하게 되고, 자연스럽게 평안이 멀어진다.

죄를 끊어 버려야 한다. 우리에게서 평안을 도둑질해 가는 것은 다름 아닌 '죄'이다. 찬송가 191장 '내가 매일 기쁘게'에는 "전에 죄에 빠져서 평안함이 없을 때"라는 가사가 있다. 죄 가운데 살면 평안이 없다. 우리의 영혼에서 평안을 빼앗아 가는 주범이 죄이기 때문이다.

> "너희 허물이 이러한 일들을 물리쳤고 너희 죄가 너희로부터 좋은 것을 막았느니라"_렘 5:25

성경은 죄가 우리로부터 좋은 것을 막았다고 말한다. 죄는 우리에게 주어진 좋은 복을 가로막고, 평안을 빼앗아 간다. 그렇기에 진정한 평안, 지속적인 평안을 누리기 위해서는 죄를 끊어 내야 한다. 죄를 끊어 내는 방법은 하나님의 공의를 행하는 것이다. 하나님이 우리를 이 땅에 보내신 그 사명을 행하는 것이다.

가난한 자를 긍휼히 여기는 삶을 살라

> "가난한 자를 긍휼히 여김으로 죄악을 사하소서"_단 4:27b

다니엘은 느부갓네살왕에게 평안을 회복하려면 '가난한 자를 긍휼히 여기라'라고 말한다. 여기서 '가난한 자'는 단순히 경제적 약자를 의미하는 것이 아니다. 모든 사회적인 약자를 총칭하는 말이다. 열악한 형편 때문에 평안한 삶을 누리지 못하는 모든 이들을 말한다. 이를 통해 알 수 있는 것은 타인을 평안하게 할 때 우리 역시 평안을 누릴 수 있다는 것이다.

왜 하나님은 느부갓네살을 향해 심판을 준비하고 계셨는가? 그가 하나님의 말씀을 외면하고, 연약한 자와 가난한 자를 멸시했기 때문이다. 하나님은 하나님의 형상대로 지음받은 우리가 행복하길 원하신다. 하나님이 주시는 평안을 누리고, 또 평안을 잃어버린 자들에게 하나님의 평안을 전하길 원하신다.

누구나 평안을 소망한다. 두려움과 절망에 빠지고 싶은 사람은 없다. 그러나 많은 경우, 사람들의 평안은 주변의 환경에 영향을 받는다. 약자들은 더욱 그러하다. 백성은 왕의 통치 방식에 영향을 받는다. 왕의 정책 하나하나에 삶이 요동친다. 따라서 왕이 긍휼한 마음으로 나라를 다스릴 때 비로소 백성이 평안을 누릴 수 있다. 높은 곳에서 물이 떨어져 낮은 곳으로 흐르듯이, 평안은 약자를 향한 긍휼한 마음을 통해 흘러간다. 그렇지 않으면, 백성 혹은 약자를 이용의 대상으로, 또 착취의 도구로 생각하곤 한다. 바로 이 지점에서 죄악이 발생한다.

이 땅의 모든 사람에게 왕이 존재한다. 대국의 왕이었던 느부갓네살의 위에도 만왕의 왕이신 하나님이 계셨다. 우리를 긍휼히 여기신 하나님의 사랑을 기억해야 한다. 그리고 우리 역시 누군가에게 그 사랑과 평안을 흘려 보내야 한다. 지금 내가 돌아봐야 할 자는 누구인가? 내가 받은 은혜를 흘려 보내야 할 사람은 누구인가? 그들을 긍휼히 여기라! 연약한 자들을 회복시킬 때, 하나님의 평안을 더욱더 누리게 될 것이다. 하나님의 사랑을 전할 때 죄는 영향력을 잃고, 거룩한 평안이 그곳에 넘칠 것이다.

【 Determination | 결심 】

사람들은 외적인 것에서 평안을 얻으려고 한다. 더 많은 물질, 더 높은 지위, 또는 나를 만족시켜 줄 무언가를 얻으면 평안해질 거라고 생각한다. 그러나 누구도 외적인 것에서 참된 평안을 얻을 수 없다. 하나님이 없는 평안은 존재하지 않기 때문이다. 하나님으로 충만하지 않으면 결코 평안할 수 없다.

왜 우리는 만족할 수 없는가? 자신이 가진 것으로만 내면을 채우려 하기 때문이다. 만왕의 왕이신 하나님, 부족함 없이 채워 주시는 하나님의 은혜가 아닌, 내가 가진 무언가로 누리려고 하기에 채워지지 않는 것이다. 사람들은 하나님이 없는 빈자리를 다른 것으로 채우기 위해 무언가에 몰두한다. 무언가에 집중함으로써 빈자리에 주목할 시간을 허용하지 않는 것이다. 그러나 그러면 그럴수록 빈자리는 더욱 커져 간다.

우리 안에 채워진 헛된 것을 잘라 내야 한다. 죄를 잘라 내고, 하나님이 아닌 자신으로 채워져 있다면 그것 역시 비워야 한다. 지금 나의 마음을 지배하고 있는 것은 무엇인가? 하나님이 아닌 다른 것에 몰두하고 있진 않은가? 그렇다면 아무리 많은 것을 가진다 해도 결코 평안할 수 없다. 마치 밑 빠진 독에 물을 넣는 것과 같다. 성도는 오직 주님 주시는 평강으로만 그 자리를 채울 수 있다.

성도는 자신의 것을 비우고 흘려 보낼 때 충만함을 누릴 수 있다. 나의 물질과 나의 욕심을 내려놓을 때, 연약한 자들에게 그 것을 흘려 보낼 때 하나님의 채우심을 경험하게 된다.

하나님이 나를 이 땅에 보내신 이유와 맡기신 사명을 기억해야 한다. 하나님은 하나님의 나라를 보여 주는 대사로서 우리를 이 땅에 보내셨다. 그 귀중한 사명을 잊게 만드는 모든 죄악을 벗어 버리라! 날마다 죄를 끊어 내고, 악은 어떤 모양이라도 버려야 한다. 자아를 날마다 죽일 때, 하나님이 채우시는 풍성한 은혜를 경험하게 될 것이다. 가진 것을 가난한 자에게 흘려 보낼 때 하나님의 새로운 공급하심을 누리게 될 것이다.

다윗은 하나님을 찬양하는 수많은 시를 남겼다. 그러나 다윗의 삶은 결코 평탄하지 않았다. 자신을 죽이려는 사울에게 쫓겨 다녀야 했고, 왕이 된 후에도 아들 압살롬의 반역으로 쫓겨 다녔다. 그럼에도 불구하고 다윗은 하나님이 주시는 평강을 누렸다. 그의 온 마음을 다해 하나님을 찬양할 수 있었다. 성도란 그런 존재이다. 상황과 환경에 상관없이 하나님이 주시는 지속적인 평안을 누릴 수 있는 자이다. 나를 둘러싼 상황은 바뀌어도, 내가 가진 물질이 사라져도, 하나님께로부터 오는 평강이 있다. 그것을 지속적으로 누리는 그리스도인이 되어라!

【 Exercise-guide | 훈련 】

❶ 오직 주님만이 우리에게 지속적인 평안을 주실 수 있다. 그 이유를 묻는 세상에게 들려줄 대답을 준비하라.

❷ 지금 내 머릿속을 사로잡고 있는 세상적인 생각들은 무엇인가? 나의 내면을 하나님이 기뻐하시는 생각으로 채워 보라.

❸ 주의 공동체는 공의와 선행으로 평화의 빛을 발한다. 우리가 돕고 구제해야 할 대상은 누구이며, 어떻게 섬길지 계획해 보라.

다니엘 프로젝트

대답하여 이르되
네 마음을 다하며 목숨을 다하며
힘을 다하며 뜻을 다하여
주 너의 하나님을 사랑하고
또한 네 이웃을 네 자신 같이
사랑하라 하였나이다
누가복음 10장 27절

【 적용송 】

평안을 너에게 주노라

다니엘이 이 조서에
왕의 도장이 찍힌 것을 알고도
자기 집에 돌아가서는 윗방에 올라가
예루살렘으로 향한 창문을 열고
전에 하던 대로 하루 세 번씩
무릎을 꿇고 기도하며
그의 하나님께 감사하였더라

【 단 6:10 】

PART 2

거룩한 삶의
패턴을 가지라

DAY 8

#거룩한 삶

홀리 해빗으로
영적 반전을 만들라

HOLY

HABIT

MOVEMENT

【 **A**pproach | 도입 】

영적 티핑 포인트(Tipping point)

습관이 영성이다. 매 순간 믿고, 기도하며, 선택하는 것들이 우리의 영성이다. 신앙은 단발성의 이벤트로 형성되지 않는다. 하나님께서 받으시는 예배는 화려한 조명 아래 잘 세팅된 프로그램이 아니다. 주님을 경외하는 우리의 태도가 전부다.

오늘날 많은 그리스도인이 그저 주일에 한 번 뜨겁게 예배드린 뒤 성도의 의무를 다했다고 여긴다. 그러다 가끔 주중 예배를 통해 하나님의 임재를 경험하고자 갈망하기도 한다. 그러나 하나님은 주일뿐만 아니라 언제나, 교회에서뿐만 아니라 어디에서나 우리와 함께하길 원하신다. 성령님과 항상 동행하는 방법이 무엇인가? 특별한 일상이 아닌 일상의 특별함으로 나아가는 것이다. 일상의 특별함은 거룩한 습관에서 나온다.

피겨 여왕 김연아 선수는 2009 세계피겨선수권 여자 싱글에서 사상 첫 200점을 돌파하며 금메달을 획득하고 스타 반열에 올라섰다. 이듬해 동계 올림픽에서는 세계 신기록 및 여자 싱글 최초 그랜드슬램의 위업을 달성하여 국민 영웅이 되었다. 하지만 그녀의 일상은 언제나 같았다. 아침과 낮, 오후와 야간에 이르기 까지 정해 둔 훈련 루틴을 어긴 적이 없다고 한다. 한 번의 비상 을 위해 천 번을 점프하고 연습을 실전처럼 진행했다. 그녀는 부 상을 입었을 때도, 슬럼프에 빠졌을 때도 철저한 훈련 습관을 통 해 기량을 금세 회복했다. 원동력이 무엇이었을까? 무엇이 그녀 를 치열하게 만들었을까? 김연아는 피겨를 매우 사랑했다. 사랑 했기에 매 순간 빙판 위에서의 시간을 경건하게 대한 것이다.

내 인생에 기적 같은 스토리가 쓰이길 원하는가? 모두를 놀 랍게 만들 격정적인 은혜가 있길 원하는가? 그러기 위해서는 먼 저 내가 사랑하는 것이 무엇인지를 살펴야 한다. 내가 사랑하는 것이 곧 예배이며, 나의 정체성이 된다. 우리가 예수님을 사랑한 다면 예수님이 기뻐하시는 것에 관심이 쏠릴 수밖에 없다. 예수 그리스도의 구원보다 더 놀라운 은혜가 어디 있는가? 예수 그리 스도의 부활보다 더 기적 같은 일이 어디 있는가? 예수님을 사랑 하며 함께하는 모든 순간은 거룩할 수밖에 없다. 그것을 반복하 는 삶이 영성이다.

오늘 아침 침대에서 일어나 가장 먼저 한 행동이 무엇인가? "하나님, 새로운 하루를 선물해 주셔서 감사합니다. 오늘은 무엇 을 하길 원하십니까? 제가 순종하겠습니다!"라고 기도하며 하루의 영적 첫 단추를 잘 채워 보라. 거룩한 습관이 형성되어 있는 사람은 꾸물대지 않는다. 하나님께서 무엇을 기뻐하실지 알기 때문이다. 또한, 무엇을 하든 희망을 노래한다. 언제나 주님이 함께하실 것을 알기 때문이다. 환대에도 능숙하다. 예수님께서 은혜로 넉넉하게 채우실 것을 알기 때문이다. 모든 것을 어떻게 깨닫게 되는가? 영적 습관이다. 말씀에서 목적을 발견하고, 기도로 길을 찾아가는 은혜의 경험이 반복되기 때문이다.

습관은 가치를 만든다. 주님의 말씀을 경청하고, 잠잠히 기도하는 거룩한 습관으로 주님의 때를 기다리고 있을 때, 바로 그때 하나님의 방법대로 일하시는 순간이 '영적 티핑 포인트'Tipping point다. 티핑 포인트란, 변화가 쌓이고 쌓여 급격한 호조세로 전환하는 지점을 말한다. 아직 거룩한 습관이 형성되지 않아 낙담하고 있는가? 자신을 탓할 필요가 없다. 먼저 하나님을 사랑하라. 그리고 내 삶에 하나님이 일하시는 공간을 만들어라. 하나님의 일하심에 합력하는 것이 우리 사명의 불꽃이 되어야 한다. 그때 영적 티핑 포인트가 일어난다.

바울의 동역자였던 데마가 주님을 떠난 이유는 다름 아닌 세상의 매력을 사랑함이었다. 그러나 다니엘은 달랐다. 다니엘은 하나님의 일하심을 신뢰했기에 이방인과 구별된 습관을 가지고 주님 앞에 나아갔다. 그리고 하나님이 일하시는 영적 티핑 포인트를 경험할 수 있었다.

"다니엘이 이 조서에 왕의 도장이 찍힌 것을 알고도 자기 집에 돌아가서는 윗방에 올라가 예루살렘으로 향한 창문을 열고 전에 하던 대로 하루 세 번씩 무릎을 꿇고 기도하며 그의 하나님께 감사하였더라"

_단 6:10

다니엘은 기도의 습관을 가진 사람이었다. 자신의 목숨을 겨냥해 만들어진 왕의 금령을 알고도 평소 습관대로 기도했다. 또한 습관적으로 장소와 시간을 정해 기도했다. 집무실인 왕궁과 다니엘의 집은 어느 정도 거리가 있었을 것이다. 그럼에도 다니엘은 자기 집에 있는 윗방에서 하루에 세 번 기도했다. 이 습관을 지키기 위해 다니엘은 누구보다 하루의 시간을 아끼고 아껴서 집무를 봐야 했을 것이고, 사람들과 교제할 시간이 부족했을 것이며, 제한된 시간에 최대한 집중하며 효율적으로 일했을 것이다. 다니엘은 기도 생활의 습관 때문에 인간적인 처세와 정치를 할 시간이 없었으며 오직 하나님만을 의지하는 관리자로서 살아갈 수 있었다.

다니엘은 집에 있는 윗방에 올라가 예루살렘으로 향해 창문을 열고 기도했다. 다니엘의 기도 습관은 하나님의 말씀에 그 기원을 두고 있다. 열왕기상 8장을 보면 솔로몬이 예루살렘을 향해 기도하며 하나님께 성전을 봉헌하는 드리는 내용이 나온다. 다니엘은 그 말씀을 의지하여 하나님께 기도를 드렸다.

다니엘은 하루에 세 번씩 무릎을 꿇고 기도했다. 그가 서서 기도하지 않고, 무릎으로 나아간 것은 간절히 하나님께 기도하는 마음의 자세였다. 그리고 하나님 앞에 자신의 존재가 아무것도 아님을 인정하는 겸손한 자세를 나타내는 모습이었다. 다니엘은 그렇게 간절히 하나님 앞에 모든 것을 맡겼다. 하나님 없이는 살 수 없는 사람의 간절한 자세로 하나님 앞에 매달리는 거룩한 삶의 습관을 지니고 있었던 것이다.

【 Challenge point ㅣ 도전 】

거룩한 삶의 패턴을 만들라

메대와 바사의 다리오왕은 고관 120명을 세워 전국을 통치하게 하면서 세 명의 총리를 그들 위에 두었다. 그중 한 명이 바로 다니엘이다. 모든 고관과 총리보다 뛰어난 다니엘은 그들에게 질투의 대상이 된다. 고관들과 총리들은 다니엘의 허물을 찾아내 고발하려고 하지만, 어떠한 증거도 나오지 않았다. 결국 그들이 생각한 아이디어는 다니엘의 신앙심을 이용해 왕의 금령을 어기게 하는 것이었다. 그들은 메대와 바사의 왕을 이용해 금령을 세워 30일 동안 왕 외의 다른 신이나 사람에게 기도하거나 무엇을 구하면 사자 굴에 던져 넣기로 결정했다. 다리오왕의 금령은 인장이 찍혀서 메대와 바사 전역에 배포되었다. 만일 30일 안에 하나님께 기도한다면 다니엘은 사자 굴에 던져지게 될 것이었다.

이런 상황에서 다니엘 6장 10절은 다니엘이 자기 방의 창문을 열고 하루 세 번씩 하나님께 기도했다고 말한다. 그동안 자신이 쌓아온 모든 명성과 명예, 정치인으로서의 성공을 뒤로한 채 다니엘은 하나님께 기도했다. 금령이 자신을 향한 함정임을 알면서도 타협하지 않고 기도했다. 금령이라는 세상의 법과 대세를 따르지 않고, 하나님 앞에서의 신앙을 지키기로 결심한 것이다.

사자 굴에 던져지는 목숨의 위협 앞에 다니엘은 어떻게 하나님 앞에서 신앙을 지킬 수 있었을까? 신앙을 버리지 않으면 그동안 쌓아온 모든 것을 잃어버리는 상황 속에서 다니엘은 도대체 어떻게 하나님을 선택할 수 있었을까?

"다니엘이 이 조서에 왕의 도장이 찍힌 것을 알고도 자기 집에 돌아가서는 윗방에 올라가 예루살렘으로 향한 창문을 열고, 전에 하던 대로 하루 세 번씩 무릎을 꿇고 기도하며 그의 하나님께 감사하였더라"
_단 6:10

다니엘이 목숨의 위협을 만날 수 있는 상황에서도 하나님을 선택할 수 있었던 이유는 '하던 대로' 했기 때문이다. 다니엘은 늘 하던 대로 윗방에 올라가 예루살렘으로 향한 창문을 열고, 하루 세 번씩 무릎을 꿇었다. 거룩한 삶의 습관이 그의 삶에 배어 있었다. 그는 단지 평상시 삶의 패턴대로 움직였을 뿐이다.

다니엘 프로젝트

다니엘은 고난을 만날 것이 뻔한 상황에서도 삶의 패턴을 수정하지 않는다. 창문을 닫고 하나님께 기도했다면 보이지 않기 때문에 왕의 금령으로 인한 형벌을 피할 수 있었을 것이다. 그럼에도 늘 하던 대로 예루살렘으로 향한 창문을 열고 하나님께 기도했다.

이처럼 거룩한 삶의 패턴이 정해지면 그 어떤 어려움 속에서도, 마음이 요동치고 흔들리는 상황 속에서도 거룩한 삶의 패턴이 우리의 신앙과 마음을 지켜 줄 것이다.

거룩한 삶의 패턴으로 하나님을 드러내라

리더십에 관한 베스트셀러인 스티븐 코비Stephen Richards Covey의 『원칙중심의 리더십』에는 이 시대를 살아가는 그리스도인이 눈여겨봐야 할 내용이 있다. 스티븐 코비는 "진정한 리더십은 말로 인한 설득이 아닌 행동으로 인한 설득에서 나온다"라고 말한다.

세상 사람들은 그리스도인들에게 이렇게 말하고 있다. "나는 당신이 몸으로 내는 목소리가 너무 커서 입으로 내는 목소리가 들리지 않습니다."

이 시대를 살아가는 그리스도인들에게 세상이 요구하는 것은 몸으로 내는 목소리가 아니겠는가? 지금 세상은 믿음에 일관성 있고, 진정성 있는 그리스도인을 찾고 있다. 그러나 많은 그리스도인이 신앙을 지키지 못하며, 그 이유와 핑곗거리를 찾기에 급급하다.

사무엘상 1장에 등장하는 엘가나도 이러한 핑계에서 벗어날 수 없는 상황이었다. 이스라엘은 사사 시대의 막바지로, 영적인 질서가 어지러웠다. 당시 제사장 엘리는 하나님의 음성을 듣지 못하는 영적 무능의 상태에 빠져 있었다. 이런 핑곗거리투성이인 사사 시대 막바지에 새로운 시대를 열었던 사무엘이 어떻게 등장하게 되었을까?

"이 사람이 매년 자기 성읍에서 나와서 실로에 올라가서 만군의 여호와께 예배하며 제사를 드렸는데 엘리의 두 아들 홉니와 비느하스가 여호와의 제사장으로 거기에 있었더라"_삼상 1:3

엘가나는 사사 시대, 그리고 엘리와 홉니와 비느하스라는 핑곗거리를 뚫고 매년 실로에 올라가서 하나님을 예배했다. 매년 하던 대로 하나님을 예배했던 엘가나의 습관 속에 한나의 기도가 있었다. 그리고 한나의 기도 속에 하나님의 응답인 사무엘이 있었다. 하나님은 특별한 집회 기간에 사무엘을 만들지 않으셨으며, 단발성 행사를 통해 사무엘이 태어나게 하지 않으셨다. 사무엘은 '늘 하던 대로' 드리던 예배를 통해 태어났다. 엘가나의 거룩한 습관이 이스라엘의 영적 어둠의 시대를 역전시킨 비결이었다.

우리는 영적인 침체를 만나면 특별한 처방전을 찾아야 한다고 생각한다. 특별 집회나 특별 기도를 통해 나의 상황이 나아지기를 소망한다. 그러나 우리의 영적 상황이 어려워지는 이유는 대부분 거룩한 삶의 습관이 무너진 데 있다. 특별한 집회로 인해 잠깐 마음이 뜨거워질 수는 있다. 그러나 그 후로 예배가 이어지지 않으면 금방 열정을 잃어버리고 만다. 이제 우리의 믿음이 어디에서 떨어졌는지 원인을 진단하고 엘가나처럼 꾸준히 영적인 습관을 세우는 사람이 되어야 한다. 그리하여 영적 어두움의 시대를 밝히는 사무엘을 준비하는 사람이 되어야 한다.

> "그러므로 어디서 떨어졌는지를 생각하고 회개하여 처음 행위를 가지라 만일 그리하지 아니하고 회개하지 아니하면 내가 네게 가서 네 촛대를 그 자리에서 옮기리라"_계 2:5

거룩한 습관으로 하나님의 영광을 드러내라

웬디 우드Wendy Wood가 쓴 베스트셀러 『해빗』은 삶의 패턴이 주는 힘이 얼마나 중요한지 강조한다. 저자는 인간의 뇌를 연구해, 삶을 건강하게 변화시키는 방법을 제안했다. 저자에 따르면, 우리의 삶을 바꾸는 데 결정적으로 작용하는 것은 우리의 의지력이 아니라 바로 '건강한 습관'이라고 한다. 삶을 바꾸는 비결은 같은 시간과 장소에서 특정한 행동을 반복하고 그것을 습관화하는 것이다. 습관화되면 고민하지 않고 자동으로 그 행동을 실행하기 때문이다.

강력한 습관은 영적으로 나에게 도움이 되는 환경보다 도움이 되지 않는 것이 넘쳐나는 이 세상 속에서 더욱 필요하다. 강력한 습관은 환경으로 인해 생겨나는 핑곗거리로부터 우리를 지켜준다. 우리가 무언가를 실천하려고 할 때 가장 큰 장애물은 단연코 핑곗거리이다. 새벽기도를 꾸준히 가려고 하는데, 어느 날 갑자기 폭우가 쏟아진다고 가정해 보자. 그때 '집에서 안전하게 기도해야지'라는 핑계를 대고 싶어진다. 금요기도회에 가려고 집을 나서는데 다음 날 중요한 약속이 잡혀 있어 피곤이 예상된다면, 다음 주부터 시작해야겠다는 생각이 떠오를 것이다. 이처럼 거룩한 습관을 실천하려고 할 때, 이를 방해하는 핑곗거리가 강하게 우리를 유혹할 것이다. "강력한 습관을 가진 사람은 자신이 하는 일에 대해 별달리 고민하지 않는다. 단지 정해진 패턴에 따를 뿐이다."

하나님은 거룩한 습관을 소유한 다니엘에게 사자 굴에서 살아남는 기적을 베푸셨다. 다니엘의 일관된 거룩한 습관으로 인해 하나님이 더욱 하나님 되시고, 홀로 영광 받게 된 것이다.

하나님의 사람임을 직접 말하지 않아도 하나님 안에서 거룩한 삶의 패턴을 가진 사람은 하나님을 선명하게 드러낸다. 다니엘은 위기의 때에 거룩한 습관으로 하나님의 주 되심을 드러냈다.

이것이 지금 세상이 원하는 그리스도인의 삶의 방식이다. 세상의 대세를 따르지 않고, 거룩한 삶의 패턴을 지킬 때 우리는 자연스럽게 하나님을 전하게 되고, 하나님의 영광을 세상 가운데 드러내게 된다. 그러니 거룩한 습관으로 하나님의 영광을 마음껏 나타내라!

【 **D**etermination ｜ 결심 】

거룩하신 그리스도를 사랑하라, 거룩의 습관을 세워라!

"좋은 습관이 없는 것이 가장 나쁜 습관"이라는 말이 있다. 그리스도인은 예수를 구주로 고백하는 믿음의 사람이다. 그리스도인의 좋은 습관은 무엇인가? 거룩을 추구하는 것이다. "내가 거룩하니 너희도 거룩하라"라는 말씀을 심장에 아로새겨야 한다. 거룩은 구별됨이다. 우리에게 요청하시는 하나님의 진심이다. 구별된 자들은 세상을 따라가지 않는다. 예수님을 따라간다. 예수님 안에 값진 보화가 있고, 그분만이 전부이기 때문이다.

거룩한 습관을 형성할 때 꾸물거리지 말라. 당장 오늘부터 시작하라. 바쁘다는 핑계를 내려놓아라. 응답에 대한 의심을 거둬라. 쾌락의 속삭임에 미혹되지 말라. 매일 내 영혼에 말씀을 공급하라. 하나님의 일하심을 기대하며 기도의 자리를 지키라. 오직 하나님께 소망을 두며 노래하라. 하나님께서 어딘가 하늘 아래 우리를 위해 우리만이 할 수 있는 일을 반드시 마련해 놓으신다. 그 인생은 세상과 구별될 것이며, 그 습관은 영혼의 기쁨이 될 것이다. 하나님께서 거룩한 자를 찾아 거룩한 일을 맡기실 것이다. 준비하고 있으라. 다시 한번 강조한다. 거룩한 습관으로 하나님의 일하심과 그의 영광을 마음껏 노래하라!

【 Exercise-guide | 훈련 】

❶ 아침에 일어나 말씀을 암송하고 선포하라! 새로운 날을 주신 하나님 앞에서 암송하고 선포할 말씀을 그 이유와 함께 나누어 보라.

❷ 영적 습관 중 뺄 수 없는 것이 바로 기도다. 기도 노트를 작성하여 하나님께서 나의 기도에 어떻게 귀 기울여 주시고, 이뤄 가시는지를 바라보라.

❸ 거룩한 성전인 육체에도 경건한 습관이 필요하다. 건강을 위해 실천할 리스트를 작성하여 주변에 도전을 선포하고 시작해 보라.

다니엘 프로젝트

다니엘이 이 조서에 왕의 도장이 찍힌 것을 알고도
자기 집에 돌아가서는 윗방에 올라가
예루살렘으로 향한 창문을 열고
전에 하던 대로 하루 세 번씩 무릎을 꿇고 기도하며
그의 하나님께 감사하였더라
다니엘 6장 10절

【 적용송 】

보소서 주님 나의 마음을

DAY 9

#감사

감사로
더 큰 감사가 오게 하라

—HOLY
———— HABIT
—MOVEMENT

【 **A**pproach | 도입 】

창문과 거울

사람은 자신에게 관대하다. 타인에게는 높은 기준을 제시하면서, 정작 자신에게는 한없이 관대해진다. 그래서 '내로남불'내가 하면 로맨스, 남이 하면 불륜이라는 말까지 생겨났다. 똑같은 상황이라도 나의 행위는 타당하지만, 다른 사람의 행동은 잘못되었다는 뜻이다. 우리는 이중적인 잣대를 가지고 살아간다. 아담과 하와가 그랬다. 하나님의 말씀을 어기고 선악과를 먹은 것에도 자기 나름의 타당한 이유가 있었다. 선악과가 먹음직, 보암직했고, 먹으면 지혜로워지리라고 생각될 만큼 탐스러웠다창 3:6. 선악과를 먹은 것은 하나님이 주신 여자하와 때문에 벌어진 일이었으며창 3:12, 여자는 사탄 때문에 어쩔 수 없이 먹었다창 3:13. 이처럼 우리는 문제 앞에서 자기반성을 하기보다는 그 원인을 외부에서 찾아내려 한다.

미국의 경영 컨설턴트 짐 콜린스Jim Collins는 『좋은 기업을 넘어 위대한 기업으로』라는 책에서 '창문과 거울' 이론을 주장한다. 창문과 거울은 똑같이 유리로 만들어지지만, 차이가 있다. 창문은 투명해서 건너편의 상대방이 보일 뿐, 관찰자 자신은 보이지 않는다. 그러나 거울은 똑같은 유리지만 보이는 상을 반사해서 관찰자가 자신을 보게 한다.

그의 이론에 따르면 훌륭한 리더는 일이 잘 풀릴 때 '창문'을 본다. 창문에 비친 직원들을 보며 그들에게 감사하고, 그들의 수고를 칭찬한다. 반대로 일이 잘 풀리지 않을 때는 '거울'을 본다. 거울에 비친 자기 자신을 들여다보고, 잘못된 점을 찾아내 반성한다. 그러나 실패하는 리더는 이와 정반대로 행동한다. 그들은 결과가 좋지 않을 때 '창문'을 본다. 모든 불행의 원인을 타인과 외부의 환경에서 찾아내려는 것이다. '그 사람 때문에', '어떤 환경 때문에' 문제가 생겼다고 말한다. 반대로 일이 잘될 때는 '거울'을 본다. 거울에 비친 자기 모습에 흐뭇해하며 누구에게도 감사하지 않는다.

짐 콜린스는 '창문과 거울' 이론을 통해 진정한 성공은 '감사하는 마음'에서 출발한다고 말한다. 반성은 자신에게서 찾고, 감사할 것은 확실히 감사하라고 말한다. 우리의 신앙생활도 이와 같다. 우리는 자신의 '죄'를 핑계 대곤 한다. 어떠한 이유로, 그럴 수밖에 없는 상황 때문에 순종할 수 없었다고 말한다. 반대로 충분히 감사해야 할 상황임에도 하나님께 감사하지 않는다. 모든 것을 자기 공로로 삼곤 한다.

그렇다면 믿음의 선배인 다니엘은 어떠했을까? 다니엘은 하나님께 감사하며 살았다. 전혀 감사할 수 없는 상황일 때도 하나님께 감사했다. 감사는 하늘의 문을 여는 열쇠이다. 하나님께 감사하며 영광 돌릴 때, 하나님은 우리에게 더 큰 감사의 제목을 부어 주신다.

【 Bible | 말씀 】

"다니엘이 이 조서에 왕의 도장이 찍힌 것을 알고도 자기 집에 돌아가서는 윗방에 올라가 예루살렘으로 향한 창문을 열고 전에 하던 대로 하루 세 번씩 무릎을 꿇고 기도하며 그의 하나님께 감사하였더라"
_단 6:10

갈대아 왕 벨사살이 죽고, 메대 사람 다리오가 나라를 다스리게 되었다. 새로운 왕 다리오는 고관 120명을 세워 전국을 통치하게 하고, 그 위에 총리 셋을 두었다. 세 명의 총리 중 하나가 바로 다니엘이었다. 역할을 탁월하게 수행하는 다니엘을 본 다리오 왕은 그를 더 높은 자리에 세워 전국을 다스리게 하려는 계획을 세웠다. 이 소식이 알려지자 다니엘의 정적들은 다니엘을 끌어내리기 위해 온갖 수단을 간구하기 시작했다. 그리고 마침내 다니엘을 함정에 빠뜨릴 방법을 찾아내기에 이른다. '30일 동안 왕 외에 어떤 신이나 사람에게도 기도하지 못하게 하는' 왕의 도장이 찍힌 조서를 내리는 것이었다.

다니엘의 지혜는 다른 누구보다도 뛰어났다. 그가 왕의 총애와 인정을 받게 된 것은 그의 탁월한 실력 때문이었다. 다니엘은 왕에게 인정받고자 아첨하지 않고, 누군가를 깎아내리지도 않았다. 그런데도 다니엘을 해하려는 사람들이 존재했다. 심지어 그의 목숨을 빼앗기 위해 함정을 파 놓고 기다리고 있었다.

다니엘은 분명 억울했을 것이다. 모든 상황이 자신을 향한 다른 이들의 질투와 욕심 때문에 벌어진 일이었다. 자신은 사자 굴에 던져질 만한 잘못을 한 적이 없다. 이런 억울한 상황 속에 다니엘은 어떻게 반응했는가? 똑같이 분노하고 시기하며, 정적들을 제거하고자 계략을 세웠는가? 아니었다. 다니엘은 하나님께 찬양하며 감사했다.

다니엘이 겪은 시험과 시련은 오늘을 살아가는 우리에게도 똑같이 일어난다. 하나님의 뜻대로 살고자 하는 모든 그리스도인에게 반복되어 나타난다. 세상은 합리적이지 않다. 공의롭지도, 정의롭지도 않다. 반드시 뿌린 대로 거둘 수 있지도 않다. 우리가 타인을 해하지 않았음에도, 타인이 나를 죽이고 끌어내리기 위해 온갖 술수를 동원할 수도 있다. 이런 일을 만날 때 우리는 어떻게 해야 하는가? 어떤 거룩한 습관이 우리의 마음과 영혼을 지켜 줄 수 있는가? 그것은 바로 하나님께 '감사'하는 것이다.

【 Challenge point | 도전 】

지혜를 가지고 감사하라

"다니엘이 이 조서에 왕의 도장이 찍힌 것을 알고도"_단 6:10a

다니엘은 모든 상황을 알고 있었다. 상황이 결코 자신에게 유리하지 않음을 알았다. 그런데도 하나님께 감사하기로 다짐했다. 하나님께 감사하기 위해선 '지혜'가 필요하다. 무지無智하면 감사할 수 없다. 그렇다면 다니엘이 가지고 있던 지혜란 무엇인가? 바로, 세상에 대한 지혜이다. 다니엘은 세상이 악하다는 것을 알았다. 세상의 온갖 좋은 것과 뛰어난 것을 접한 다니엘이었지만, 그는 하나님의 관점으로 선과 악을 분별했다. 무엇이 하나님을 기쁘시게 하는 것인지, 무엇이 하나님을 대적하는 악한 것인지 알았다. 다니엘은 철저히 하나님의 말씀인 율법의 가르침을 따랐다. 바벨론의 중심에 있던 그였지만, 그의 삶의 기준은 언제나 하나님의 말씀이었다.

다니엘은 사람의 악함 역시 알았다. 사람은 자기 욕심을 위해서라면 죄 없는 다른 이의 목숨도 빼앗을 수 있다는 것을 알았다. 나라의 정치와 제도 역시 누군가의 욕심에 따라 얼마든지 악용될 수 있다는 것을 알았다. 그러나 다니엘은 이 모든 것을 '알고도' 감사했다. 즉, 다니엘의 지혜는 사람의 악함과 제도의 한계를 뛰어넘는 지혜였다.

오늘 나에게도 이러한 지혜가 필요하다. 그래야 하나님께 감사하기로 결단할 수 있다. 사람과 세상의 제도를 꿰뚫어 아는 지혜, 세상의 악함과 한계를 간파하는 지혜가 필요하다.

"또 무엇을 하든지 말에나 일에나 다 주 예수의 이름으로 하고 그를
힘입어 하나님 아버지께 감사하라"_골 3:17

오늘 내가 만나는 사람이 나를 괴롭힐 수 있다. 내가 속한 공동체의 체계와 시스템이 나를 억압할 수도 있다. 그것이 바로 세상이다. 세상의 악함을 알아야 한다. 세상이 나의 필요를 채워 줄 수 없다는 것을 깨닫는 지혜가 필요하다. 그리고 이 모든 것을 알면서도 하나님께 감사하기로 다짐해야 한다. 세상의 악함을 알고, 선하신 하나님을 신뢰할 때 하나님께 감사할 수 있다.

의도적으로 감사하라

"전에 하던 대로"_단 6:10b

다니엘은 위기를 맞이했다. 조서의 내용은 정확하게 다니엘을 겨냥하고 있었다. 법을 어길 때 치러야 할 대가는 무거웠다. 결코 감사할 수 있는 상황이 아니었음에도, 다니엘은 하루에 세 번

씩 기도하며 감사했다. 감사는 그의 습관이었다.

다니엘은 언제부터 하나님께 기도하며 감사했을까? 성경은 '전에 하던 대로'라고 답한다. 다니엘에게 감사는 오랜 습관이었고, 의도된 행동이었다. 오래전부터 삶에 녹아든 일상이었다. 생명을 위협받는 절체절명의 위기 속에서도 그는 감사의 자리로 나아간다. 이를 통해 다니엘이 감사의 습관을 얼마나 오랫동안 반복해 왔는지 알 수 있다.

다니엘은 감사할 만한 조건이 충족되어 하나님께 감사했던 것이 아니다. 기도하면 죽게 될 것이라는 엄포 속에도 그는 의도적으로 감사하기를 결단했다. 생명의 주관자가 하나님이심을 알 때 우리는 감사할 수 있다. 희망을 찾을 수 없는 상황 속에서 하나님께 감사한다는 것은, 하나님을 향한 철저한 신뢰의 표현이다.

다니엘은 하나님께 감사했다. 절망의 땅에서 하루를 살더라도, 하나님께 감사하며 살기로 결단했다. 다니엘의 감사는 의도된 결심이었다.

"기도를 계속하고 기도에 감사함으로 깨어 있으라"_골 4:2

오늘 나의 삶은 어떠한가? 나의 소망은 어디에 있는가? 사람, 가족, 집, 직장, 학벌, 인맥 등 감사의 조건들이 충족된 삶을 살고 있는가? 아마 그렇지 않을 것이다. 그러나 다니엘을 통해 알 수 있듯이, 감사는 모든 조건이 충족된 자가 할 수 있는 것이 아니다. 우리의 모든 상황과 조건을 하나님이 주셨다고 믿는다면, 하나님의 섭리 속에서 모든 것을 감사로 받아들일 수 있다. 세상의 조건에 잠식되지 말고 의도적으로 감사하라! 감사하기로 결단하라! 하나님께 감사하는 자는 세상의 조건에 지배받지 않을 수 있다.

감사의 대상을 신뢰하라

"그의 하나님께 감사하였더라"_단 6:10b

다니엘의 감사는 막연하지 않았다. 그의 감사는 상황을 변화시키는 주술도, 자기 자신을 설득하는 최면도 아니었다. 다니엘의 감사는 '그의 하나님께' 드리는 감사였다. 다니엘의 감사 대상은 '하나님'이었다.

다니엘의 인생은 위기의 연속이었다. 그렇다면 다니엘은 언제부터 하나님께 감사했을까? 다니엘서에 등장하는 그의 첫 번째 감사는 그가 느부갓네살왕의 꿈을 해석한 후였다.

"나의 조상들의 하나님이여 주께서 이제 내게 지혜와 능력을 주시고 우리가 주께 구한 것을 내게 알게 하셨사오니 내가 주께 감사하고 주를 찬양하나이다 곧 주께서 왕의 그 일을 내게 보이셨나이다 하니라"_단 2:23

다니엘은 '우리가 주께 구한 것을 내게 알게 하셨사오니'라고 말한다. 자신에게 지혜와 능력을 주신 하나님께 감사한다는 뜻이다. 다니엘은 하나님과 인격적인 교제를 나누었다. 하나님께 구했고, 하나님의 응답을 경험했다. 즉, 다니엘의 감사는 자신을 둘러싼 위기 상황에서 나 자신을 다듬는 마인드 컨트롤Mind Control이 아니었다. 하나님을 경험하고, 하나님과 소통하는 방법이었다.

다니엘은 조서에 왕의 도장이 찍힌 것을 알고도 감사할 수 있었다. 하나님이 어떤 분이신지 충분히 알고 있었기 때문이다. 많은 사람이 기도하면서 자신의 상황과 환경을 하나님께 전달하는 데 긴 시간을 할애한다. 마치 나의 정보를 하나님께 전달하는 것이 가장 중요한 것처럼 기도하곤 한다. 정작 나는 하나님이 어떤 분이신지 알고 있는가? 만약 우리가 그렇게 기도한다면 하나님은 '너는 나를 누구라고 생각하느냐?'라고 물으실 것이다.

하나님은 천지 만물을 창조하신 만왕의 왕이시다. 감사는 그러한 하나님께 드리는 믿음의 표현이다. 감사는 하나님이 누구신지 아는 사람만 할 수 있다. 우리도 다니엘처럼 '나의 하나님'께 감사로 고백해야 한다. 사도 바울 역시 우리에게 감사하라고 권면한다.

"범사에 감사하라 이것이 그리스도 예수 안에서 너희를 향하신 하나님의 뜻이니라"_살전 5:18

감사를 잃어버리진 않았는가? 아마도 당신에게는 감사할 수 없는 충분한 이유와 논리가 있을 것이다. 그렇다면 당신에게 하나님은 어떤 분이신가? 하나님은 언제나 우리에게 선한 것, 좋은 것을 주시는 하나님 아버지이시다. 감사의 대상이신 하나님을 신뢰하라! 그분을 '나의 하나님'으로 고백하라! '나의 하나님'께 감사할 때 세상의 어떤 힘보다도 더 강력한 하나님의 능력을 경험하게 될 것이다.

【 Determination ｜ 결심 】

감사는 하나님을 신뢰하는 자만 할 수 있다. 감사할 만한 상황이기에 감사하는 것이 아니다. 감사는 나의 주인이신 하나님을 향한 신뢰의 고백이다. 하나님은 감사하는 자에게 감사의 상황을 열어 주신다. 불평하는 자는 하나님을 바라볼 수 없다. 자신을 둘러싼 상황과 환경에 매몰되어 있기 때문이다. 내 앞에 놓인 문제에 시선이 머물러 있다면 결코 하나님께 감사할 수 없다. 감사는 장애물 너머에 계신 하나님을 바라보는 방법이다.

환경과 상황의 만족에서 오는 감사는 영원할 수 없다. 지금 당장은 모든 것이 형통하고 평안한 것 같아도, 세상이 주는 평안은 영원하지 않다. 꽃은 시들고 풀은 마르기 마련이다. 그러나 감사는 은혜의 문을 여는 방법이다. 지금 나의 상황 때문에 하나님께 감사할 수 없다고 말하는 사람은 미래에도 감사할 수 없다.

오직 우리에게 기쁨을 주시는 분은 하나님 한 분뿐이다. 진정한 평안은 영원하신 하나님, 미쁘신 하나님에게서만 찾을 수 있다. 감사의 마중물을 하나님께 드리라! 작은 감사의 마중물을 드릴 때 하나님이 주시는 참된 기쁨과 감사가 더욱 풍성히 차고 넘칠 것이다.

다니엘은 조서에 왕의 도장이 찍혔다는 사실을 알았다. 다리오왕 외에 다른 대상에게 기도하면 죽게 된다는 것도 알았다. 그러나 다니엘에게 가장 중요한 것은 '나의 하나님'이었다. 다니엘은 하나님과 인격적인 교제를 나눴다. 감사는 그의 오랜 습관이었고, 하나님과의 교제에서 결코 빠질 수 없었다.

하나님께 감사하기 위해선 의지와 결단이 필요하다. 감사는 하나님을 향한 신뢰의 표현이다. 내 삶을 인도하시는 하나님을 믿는 자만이 감사할 수 있다. 하나님께 감사하라! 감사할 수 없는 상황일 때 더욱 감사하기로 결단하라! 범사에 감사하는 자에게 더 큰 감사의 열매가 맺힐 것이다.

【 **E**xercise-guide | 훈련 】

❶ 다니엘은 목숨의 위협을 느끼는 위기 상황에서도 감사를 선택
했다. 다니엘의 감사에 담긴 영적 원리는 무엇인가?

❷ 지금 내가 겪고 있는 고난을 통해 하나님이 하실 일을 기대하
며, 미리 감사의 일기를 작성해 보라.

❸ 우리 공동체는 감사의 습관을 흘려 보내고 있는가? 공동체의
감사 제목을 함께 나누고, 이 감사의 제목이 이어지기 위해 실
천할 수 있는 것들을 찾아보라.

【 본문암송구절 】

범사에 감사하라
이것이 그리스도 예수 안에서
너희를 향하신 하나님의 뜻이니라
데살로니가전서 5장 18절

【 적용송 】

그리 아니하실지라도

DAY 10

#그릿(투지와 끈기)

그릿을 가지고
끝까지 이겨 내라

HOLY

HABIT

MOVEMENT

【 **A**pproach ┃ 도입 】

창조주를 가두지 말라

팔다리가 없이 태어난 한 아이가 있었다. 자신의 처지를 비관한 아이는 8살이라는 어린 나이에 심각하게 자살을 고민했고, 세 차례나 삶의 소망을 놓으려고 했다. 그러나 그때마다 전폭적으로 지원해 주시고 사랑해 주시는 부모님 덕분에 위기에서 벗어날 수 있었다. 부모는 아이를 남들과 '다르게' 보지 않고 '특별하게' 보았다. 아이는 청소년 시절, 일반 학교에 다니면서도 주눅 들기는 커녕 학생회장으로 활동했고, 스케이트보드를 타고, 드럼을 연주하고, 컴퓨터를 사용했다. 이 아이가 바로 훗날 유명한 복음전도자로 우리에게 찾아온 닉 부이치치 Nick Vujicic다.

닉 부이치치는 15세에 인격적으로 하나님을 만났다. 비록 장애를 가지고 살아가는 불편한 삶이었지만 그는 자신을 불행하다고 여기지 않았다. 언제나 감사를 잃지 않고 살아가는 그에게 하나님은 남들과는 다른 모습을 특별하게 사용하시는 은총을 주셨다. 이것이 축복이다. 사람들의 생각을 뛰어넘는 하나님의 섭리가 바로 은혜다. 하나님께서는 닉 부이치치를 통해 인간의 어떤 문제보다 하나님이 더 크심을 증거하시고, 삶의 가치가 소유가 아닌 존재에서 나옴을 보여 주셨다.

닉 부이치치를 통해 얻을 수 있는 교훈이 무엇인가? 인생에 어떤 한계도 설정하지 말라는 것이다. 하나님을 믿는 사람들은 하나님께서 책임져 주신다. 닉 부이치치는 이렇게 고백했다.

"저는 팔다리가 없으니 공식적으로는 장애인입니다. 그러나 한편으로는 뭐든지 다 할 수 있는 사람입니다. 남들에겐 없는 독특한 문제를 가졌지만, 그 덕분에 어려움을 겪는 이들에게 손을 내밀 수 있는 특별한 기회들이 활짝 열렸습니다."

살다 보면 도저히 내 힘으로 어떻게 할 수 없는 일들을 맞닥뜨리게 된다. 그럴 땐 두 가지 길이 있다. '포기하고 절망하거나, 하나님께 기도하며 소망하거나.' 닉 부이치치는 꿈을 포기하는 것은 곧 창조주를 상자 안에 가둬 버리는 짓과 다름없다고 했다. 주님은 한 사람, 한 사람 특별한 뜻을 가지고 지으셨다. 그러니 나를 향한 하나님의 사랑을 외면하지 말길 바란다.

그리스도인이 열정 어린 영적 습관을 가져야 하는 이유가 무엇인가? 생수의 강이신 예수님을 만나려는 소망 때문이다. 덥고 목마르다고 불평과 불만을 쏟아낼 것이 아니라 내 영혼을 시원케 하는 말씀을 통해 은혜의 꿈을 꾸는 것이다. 밤하늘에 반짝반짝 빛나는 별들이 하나님의 섭리를 비추는 것처럼 당신의 열정 가득한 눈빛에도 하나님께서 주신 꿈들이 반짝반짝 빛나길 기도한다.

> "내가 항상 주와 함께 하니 주께서 내 오른손을 붙드셨나이다 주의 교훈으로 나를 인도하시고 후에는 영광으로 나를 영접하시리니 하늘에서는 주 외에 누가 내게 있으리요 땅에서는 주 밖에 내가 사모할 이 없나이다"_시 73:23-25

【 Bible | 말씀 】

> "그렇게 하지 아니하실지라도 왕이여 우리가 왕의 신들을 섬기지도 아니하고 왕이 세우신 금 신상에게 절하지도 아니할 줄을 아옵소서"
> _단 3:18

하나냐, 미사엘, 아사랴는 다니엘과 함께 젊은 시절부터 하나님의 말씀에 뜻을 정한 인생을 살았다. 그들은 다니엘과 같은 신앙관을 가지고 있었는데, 다니엘서의 후반부에서 그들의 신앙관을 엿볼 수 있다. 다니엘은 자신의 나라가 이방 민족에게 점령당하고, 자신들의 민족이 포로 생활하는 이유에 대해 고백한다. 여호와 하나님 앞에서 다른 신들을 섬기는 우상숭배의 죄를 범했기 때문이라는 것이다.

하나냐, 미사엘, 아사랴는 포로 생활의 원인이 조상의 우상 숭배 때문임을 잘 알고 있었다. 그렇다면 세 친구의 가장 큰 기도 제목이자 고통은 무엇이었을까? 하나님 나라 백성의 패망과 예루살렘 성전의 파괴, 그 죄의 형벌로 인한 포로 생활이었을 것이다. 생명을 잃는 것보다 우상숭배로 인해 이스라엘 백성이 계속해서 하나님의 형벌을 받아, 회복되지 않는 것이 그들에게는 더 큰 두려움이 아니었을까?

이들은 하나님께서 모든 역사를 결정하시는 주권자라는 신앙을 가지고 있었다. 모든 역사를 다스리는 하나님의 기준에 인생의 기준을 맞춘 것이다. 이들의 신앙은 주권자이신 하나님이 주신 율법과 계명이 기준이 되는 신앙이다.

이는 현실의 문제에서 도피하거나 그 문제를 해결하는 것을 넘어서는 신앙이다. 이들은 하나님 앞에서 그 계명을 지키는 것 자체에 의미를 두는 신앙을 가지고 있다. 이들의 고백을 보면 그것을 알 수 있다. '그리 아니하실지라도' 목숨을 걸고 십계명 1, 2계명을 지키겠다는 결연한 투지를 볼 때, 우리는 그들이 하나님의 말씀을 지키는 일 자체에 집중했음을 볼 수 있다. 이러한 투지는 하나님에 대한 분명한 신뢰와 확신에서 생겨난 것이다.

하나님을 믿고, 문제 해결을 하는 수준의 신앙을 넘어서 신앙 자체의 고결함과 순수성에서 비롯된 투지라고 할 수 있다. 이제 하나냐, 미사엘, 아사랴의 마음속에는 하나님의 말씀을 지키고자 하는 투지만이 남은 것이다.

불굴의 신앙을 가지라

금 신상에게 절하라는 자신의 명령을 따르지 않는 다니엘의 세 친구에게 느부갓네살은 분노했다. 모든 백성이 자신의 힘과 권력 앞에서 굴복하는데, 오직 세 사람만이 자신 앞에 무릎을 꿇지 않았기 때문이다. 그들은 어렸을 때부터 하나님의 말씀대로 살겠다는 뜻을 정하여 다니엘과 함께 바벨론에서 하나님의 백성으로 살았다.

느부갓네살은 자신의 통치에서 벗어난 그들에게 분노했다. 정확히 말하면 자신이 아닌 다른 누군가의 통치에 순종하는 행위에, 자신보다 뛰어난 누군가가 있다고 말하는 것 같은 그들의 행동에 분노한 것이다.

느부갓네살의 분노는 불의 뜨거움으로 표현되고 있다. 느부갓네살은 풀무 불을 더욱 뜨겁게 하라고 명령한다. 불의 온도를 확인하려던 신하는 한 줌의 재가 되었다. 불이 얼마나 뜨거웠는지를 보여 주는 대목이다. 현장에는 불의 열기가 가득했을 것이다. 모든 사람이 느부갓네살이 내뿜는 진노의 열기 앞에 몸서리를 쳤을 것이다. 그러나 이런 뜨거운 불 앞에서도 다니엘의 친구들은 하나님을 배반하지도, 떠나지도 않았다. 그들에게 불의 뜨거움 따위는 중요하지 않았다. 그들은 하나님을 전적으로 신뢰했기 때문이다.

"그렇게 하지 아니하실지라도 왕이여 우리가 왕의 신들을 섬기지도 아니하고 왕이 세우신 금 신상에게 절하지도 아니할 줄을 아옵소서"

_단 3:18

다니엘의 친구들은 풀무 불 앞에서 모든 결과를 하나님께 맡겼다. 왜 이런 시험을 주셨는지 따져 묻지 않았다. 그저 하나님을 신뢰했다. 그들에게는 그 일의 결과보다 자신들이 누구 앞에 서 있는지, 어느 영역에 소속되어 있는지가 더 중요했다. 자신들이 하나님 나라의 백성으로 속해 있음이 가장 중요했다.

하나님은 끝까지 불을 끄지 않으신다. 오히려 불을 더 뜨겁게 하신다. 불 시험이 뜨거워지면 뜨거워질수록 신앙의 투지와 끈기 역시 더욱 뜨거워진다.

그들은 결국 신앙의 궁극적인 고백을 한다. "그리 아니하실지라도!" 하나님께서 건져 주지 않으셔도 끝까지 신앙을 지키겠다고 고백한 것이다. 이들에게는 신앙은 '결과'가 아니다. 신앙은 마땅히 지켜 내는 것이며 견뎌 내는 것이다. 심지어 목숨이 위험하더라도 말이다.

불 시험 앞에서도 굴하지 말라

사도 베드로는 핍박과 환난의 불 시험을 당하는 성도에게 더욱 하나님만 바라며 즐거워하라고 명령한다.

"사랑하는 자들아 너희를 연단하려고 오는 불 시험을 이상한 일 당하는 것 같이 이상히 여기지 말고 오히려 너희가 그리스도의 고난에 참여하는 것으로 즐거워하라 이는 그의 영광을 나타내실 때에 너희로 즐거워하고 기뻐하게 하려 함이라"_벧전 4:12-13

베드로는 다소 상황에 맞지 않는 것 같은 말로 성도를 위로하고 있다. 불 시험이 다가왔을 때 고난에 참여하는 것으로 즐거워하라는 것이다. 불 시험을 당하는 자들에게 왜 이런 위로를 하는 것일까? 그 이유는 불 시험 자체에 비중을 두지 않고, 그리스도와 하나 됨에 더욱 큰 비중을 두고 있기 때문이다. 그러므로 베드로는 시험과 상관없이 주님이 받으신 고난에 참여할 수 있음에 기뻐하며 감사할 수 있었다. 하나님과의 관계를 가장 소중한 것으로 여기는 것이 우리가 불 시험을 통과하는 유일한 비결이다. 예수님은 그 어떤 관계보다 성부 하나님과의 관계를 소중히 여기심으로 불 시험을 통과하셨다.

"조금 나아가사 얼굴을 땅에 대시고 엎드려 기도하여 이르시되 내 아버지여 만일 할 만하시거든 이 잔을 내게서 지나가게 하옵소서 그러나 나의 원대로 마시옵고 아버지의 원대로 하옵소서 하시고"
_마 26:39

예수님은 십자가의 불 시험 앞에서, 큰 고난 앞에서 결국 하나님의 뜻대로 하길 소원하셨다. 하나님과의 관계 속에서 순종이 하나님을 떠난 고통보다 더 중요했기 때문이다. 하나님과의 관계를 잃는 것이 아니라 모든 것을 합력하여 선을 이루실 하나님을 전적으로 신뢰하는 기도의 내용이다. 예수님은 하나님과의 관계 속에서 하나님을 전적으로 신뢰하심으로 불 시험을 통과하셨다.

불 시험 자체보다 하나님과의 관계에 집중하라

우리는 불 시험이 찾아오면 하나님의 존재를 의심한다. 하나님이 계시다면 이런 시험이 오지 않았을 것이라고 생각하기 때문이다. 그러나 이 땅에는 불 시험이 있다. 신앙의 선배들에게 찾아왔던 그 불 시험은 강도와 모양만 다르게 우리에게도 어김없이 찾아온다.

불 시험 앞에 우리는 결과를 확인해야 하나님을 신뢰한다고 할 것인가? 우리는 체험을 해야만 하나님을 믿는다고 할 것인가? 우리의 신앙이 다니엘의 친구들처럼 흔들림 없이 견고하려면 어떻게 해야 할까? 예수님처럼 하나님께 온전히 모든 것을 맡기며 순종하기 위해선 우리는 신앙을 어떻게 바라봐야 할까?

【 **D**etermination | 결심 】

재능보다 끈기이다

앤절라 더크워스Angela Duckworth는 『그릿』Grit이라는 저서를 통해서 '사람들은 노력보다 재능을 중요하게 생각하지만, 재능을 가진 사람은 끈기와 열정을 가진 사람보다 더 목표에 도달하지 못한다'라고 말했다. 목표를 이루는 사람은 재능을 가진 사람이 아니라, 끝까지 포기하지 않는 끈기와 투지를 가진 사람이라는 것이 책의 주요 내용이다.

그렇다면 사람들은 왜 노력하는 사람보다 재능을 타고난 사람을 좋아할까? 그 이유는, 결과에서 자유롭지 못하기 때문이다. 우리는 목표를 이뤄 낸 사람들이 재능이 있어서 그 목표를 이뤄 냈다고 믿기를 좋아한다. 그래야 '목표를 이루지 못한 나'에 대한 책임에서 자유로울 수 있다. 이것이 우리가 재능이 있는 사람을 좋아하는 이유다.

우리는 때로 신앙생활에서조차 신앙의 재능인을 찾지 않는가? 기도하면 다 이루어지는 사람, 기도해서 성공한 사람, 기도하면 다 되는 사람의 이야기를 좋아한다. 하나님을 믿었더니 범상치 않게 성공했다는 이야기들이 인기다. 특별한 그들을 바라보며 나에게도 불 시험보다는 신앙의 재능과 결과가 주어지기를 바라는 마음이 투영되었기 때문이다.

분명히 해둘 것은, 우리의 신앙의 목표가 인생의 성공이라는 결과가 아니라는 것이다. 신앙의 목표는 '그리 아니하실지라도' 라는 고백이다. 이것은 하나님과의 관계에서 우러나오는 신뢰이다. 그것이 우리의 신앙의 궁극적인 목표이다. 하나님만으로 만족하는 것이 우리의 종착지다.

설정한 목표에 다다르기 위해서는 결과에 집중해서는 안 된다. 당장 눈앞에 보이는 하나님의 기적이라는 결과가 목표에 다다르기 유리한 것은 아니다. 기적을 어떤 시선으로 바라보는지가 더 중요하다. 그리고 기적이 일어나지 않을 때도 동일하게 고백할 수 있는 실력이 더 중요하다. 이러한 신앙의 실력은 어디에서 일어나는 것일까? 목표를 바라보며 끝까지 방향성을 잃지 않고 부단히 그 방향으로 전진하는 신앙의 끈기에서 우리의 실력이 세워지는 것이다.

그러므로 우리의 신앙이 굳건히 다니엘의 친구들처럼 세워지기 위해서는 눈앞에 당장 보이는 결과로서의 체험은 중요하지 않다. 우리에게 중요한 것은 끈기 있게 붙들 수 있는 하나님과의 깊은 관계이다. 그 깊은 관계는 하나님의 말씀으로 하는 교제이며, 이는 매일 지속되는 일이 되어야 하며 더욱 깊이 주님을 만나는 일이 되어야 한다. 꾸준함과 끈기만이 이렇게 굳건하게 한 방향으로 가게 하는 힘을 만드는 것이다. '그리 아니하실지라도'의 고백은 'Grit그릿 아니하실지라도'의 고백으로 이루어지는 것이다.

'그리 아니하실지라도'라는 고백이 우리의 신앙의 목표가 되고 있는가? 우리의 신앙이 눈에 보이는 결과로서의 체험에 몰입되어 있다면 이제 목표를 수정하여 끈기 있게 하나님 앞에서의 신뢰와 순종만을 바라보자. 그럴 때 믿는 자들의 삶 속에 있는 불 시험 앞에서 믿지 않는 느부갓네살왕이 하나님을 바라보며 찬양할 수 있게 되는 것이다. 불속을 거닐고 있는 우리를 보면서 말이다.

① 누가 시키지도 않았는데, 밤을 새워가며 투지를 불태운 일이 있었는가? 무엇이 당신의 가슴을 그토록 뜨겁게 만들었는가?

② 신앙생활에서 필요한 '그릿'은 무엇일까? 영성 습관을 형성하는 데 있어 내게 또는 공동체에 필요한 그릿의 영역을 나누어 보자.

③ 당신의 그릿을 독려할 만한 성경 말씀을 찾아 암송하라. 그리고 이것을 하나님께서 당신의 뜻대로 이루심을 강력하게 믿으라!

【 본문암송구절 】

그렇게 하지 아니하실지라도 왕이여
우리가 왕의 신들을 섬기지도 아니하고
왕이 세우신 금 신상에게
절하지도 아니할 줄을 아옵소서
다니엘 3장 18절

【 적용송 】

예수의 이름으로

DAY 11

절제하는 삶의
풍성함을 맛보라

HOLY

HABIT

MOVEMENT

【 **A**pproach | 도입 】

경쟁 사회

2023년, 동아일보와 설문 조사 플랫폼 틸리언 프로에서 성인남녀 1,850명을 대상으로 설문 조사를 실시했다. '한국과 가장 잘 어울리는 이미지'가 무엇이냐는 물음에 무려 36.5%가 '경쟁적이다'를 뽑았다. 2위는 '역동적이다'로 25.8%의 응답률을 기록했다. 복수 응답이 가능한 이 질문에 '복잡하다17.7%', '피곤하다16.3%', '선도적이다15.4%', '정신없다14.2%', '힘들다14.1%' 등의 답변이 따랐다.[2]

설문 결과를 통해 한국 사회가 얼마나 심각한 경쟁 사회인지, 또 이를 위해 사람들이 얼마나 분주히 살아가는지 알 수 있다.

---

2   20대 29.4% "한국인인 게 싫다"… '피곤한 경쟁사회' 스트레스, 동아일보, 2023.5.13.
https://www.donga.com/news/article/all/20230512/119270390/1

사람들은 더 높은 위치에 올라가기 위해, 남들보다 더 많은 것을 갖기 위해 바삐 살아간다. 그러나 이는 우리나라만의 문제도, 특별히 오늘날 발생한 현상도 아니다.

사람들은 높은 자리에 오르고 싶어 한다. 예수님의 제자들도 그랬다. 예수님께서 십자가에 달려 죽으실 것과 부활하실 것에 대해 말씀하실 때도, 제자들의 관심은 '주의 나라에서 누가 더 높은 자리에 올라갈 것인가?'마 20:21였다. 마치 사랑하는 부모의 임종을 앞둔 상황에서 누가 더 많은 유산을 차지할 것인지를 두고 다투는 모습과도 같았다.

아담의 범죄 후, 인간은 하나님의 빈자리를 다른 무언가로 채우기 시작했다. 끊임없이 채우고 더 가지려 할 뿐 왜 그래야 하는지 깊이 생각하지 않았다. 심지어 자신이 무언가를 가질 수 있다는 것, 또 끊임없이 무언가 추구하는 것을 마땅한 권리로 생각했다. 물론 참고 인내하는 것을 미덕으로 여기던 때도 있었다. 그러나 그때도 사람들은 더 많은 것을 가지고 누리는 것을 축복이라 생각했다.

얼핏 반대처럼 보이는 현상도 있다. 몇 년 전만 해도 '인생은 한 번뿐이다'You Only Live Once라는 말의 스펠링에서 따온 '욜로'YOLO가 유행했다. '욜로'는 미래보단 현재 자신의 행복을 중시하는 소비 태도를 뜻한다. 미래에 얻게 될 것을 위해 노력하기보다는, 현재의 행복을 최우선으로 여기는 생활 방식이다. 그러나 현재와 미래의 차이가 있을 뿐, 자신이 누릴 수 있는 것을 최대한 누리고자 한다는 점에서 큰 차이가 없다.

이런 세상에서 '절제'하며 산다는 것은 바보처럼 보인다. 끊임없이 경쟁하는 사회에서 뒤처지는 것처럼 보일 것이고, 마땅히 즐길 수 있는 것을 즐기지 않는 어리석은 자로 보일 수도 있다. 그러나 하나님 안에서의 절제는 우리의 삶과 영혼을 풍성하게 해 준다. 절제할 때, 우리는 분주한 삶을 내려놓고 하나님을 바라볼 수 있다.

【 Bible ㅣ 말씀 】

"다니엘은 뜻을 정하여 왕의 음식과 그가 마시는 포도주로 자기를 더럽히지 아니하리라 하고 자기를 더럽히지 아니하도록 환관장에게 구하니"_단 1:8

유다 왕 여호야김은 왕이 된 지 3년 만에 나라를 빼앗겼다. 바벨론은 유다를 짓밟고, 백성을 포로로 잡아갔다. 유다 백성의 삶이 한순간에 바뀌었다. 자유는 사라졌고, 바벨론의 눈치를 보며 살아야 하는 처지가 되었다. 내일이 보장되지 않았다. 자신을 위해, 가족을 지키기 위해 어떻게든 안정적인 환경을 만들어야 했다. 이런 상황 속에서 도덕적 가치를 따진다는 것은 사치처럼 보였을 것이다. 목숨이 달린 상황에서 율법을 따진다는 것 또한 미련한 것처럼 여겨졌을 것이다. 다니엘의 상황이 그러했다. 고상한 가치를 논하기에는 다니엘이 처한 상황이 너무나 절박했다. 그의 생명은 스치는 바람에도 흔적 없이 사라질 만큼 가볍게 여겨졌다.

다니엘은 환관장에게 왕이 준 음식을 먹지 않겠다고 말한다. 온갖 산해진미를 먹지 않고, 절제하기로 다짐한다. 그가 처한 상황과 어울리지 않는 요청이다. 도리어 음식을 더 달라고, 조금이라도 더 누리겠다고 말하는 것이 마땅해 보인다.

너무 힘들고 어려운 나머지 생을 포기하기로 한 것일까? 단식투쟁이라도 하려는 것일까? 그렇지 않다. 다니엘은 '더럽히지 않으려' 했다. 다니엘은 자신이 누릴 수 있는 권리보다, 더 고상한 가치를 추구했다. 그는 삶을 내려놓기 위해서가 아니라, 삶을 바로 세우기 위해 절제하기로 결심했다.

절제는 이런 것이다. 절제는, 정도正道를 넘지 않기 위해 스스로 제한하는 것이다. 다니엘은 상황과 환경에 넘어지지 않기 위해 절제했다. 물론, 마음으로 다짐하는 것만으로도 충분했으며 그 누구도 다니엘을 욕하지 못했을 것이다. 그러나 다니엘의 절제는 마음의 결심으로 끝나지 않았다. 다니엘의 절제는 구체적인 행동으로 나아갔다.

먼저 다니엘은 음식을 절제했다. 왕이 하사한 제일 좋은 것들을 거절했다. 음식을 절제하는 것은 굶주림의 고통이 따르고, 굶주림은 피부와 안색까지 변화시킨다. 한창 성장해야 할 젊은 소년 다니엘에게 결코 쉬운 선택이 아니었다. 그러나 음식의 절제가 그의 영혼까지 괴롭힐 수는 없었다. 다니엘의 영혼은 맑게 빛났으며, 하나님이 주시는 영혼의 풍성함을 맛보게 되었다. 영혼의 풍성함이 외면으로 흘러나와 오히려 좋은 음식을 먹으며 호의호식하던 다른 소년들보다 얼굴이 환하게 빛났다.

【 Challenge point | 도전 】

주를 위해 절제하라

"자기를 더럽히지 아니하도록 환관장에게 구하니"_단 1:8b

무엇을 위해 절제해야 하는가? 우리는 무언가를 얻기 위해 절제하곤 한다. 맛있는 음식을 절제하는 이유는 멋진 몸매를 갖기 위해서다. 놀고 싶은 충동을 절제하고 공부하는 것은 더 좋은 학교에 진학하기 위해서다. 이처럼 우리는 이익을 얻기 위해 절제하곤 한다.

다니엘은 무엇을 위해 절제했는가? '스스로 더럽히지 않기 위해서'였다. 다니엘은 하나님의 백성이라는 거룩한 정체성을 훼손하지 않기 위해 절제하기로 결심했다. 왕이 내리는 온갖 산해진미 중에는 율법이 금한 부정한 음식이 있었다. 또한, 당시 관습

대로 왕이 먹는 모든 음식은 바벨론의 우상에게 먼저 바쳐진 음식이었다. 우상에게 바쳐진 음식을 먹는다는 것은 '이제 나도 바벨론의 우상 신에게 마음을 바친다'라는 고백이 될 수 있었다. 다니엘이 절제한 이유는 '거룩' 때문이었다. 자신의 유익을 위해서가 아니었다. 설령 굶게 되고, 손해를 보고, 왕의 눈 밖에 날지라도 하나님의 거룩한 백성이라는 자신의 정체성을 포기할 수 없었던 것이다.

다니엘은 자신의 유익을 위해 절제하지 않았다. 그가 음식을 절제한다고 포로에서 풀려나는 것이 아니었다. 하나님께서 왕궁의 더 높은 자리에 올려준다고 약속하신 것도 아니었다. 그렇게 해 주시기를 바라며 절제한 것도 아니었다. 오히려 다니엘은 자기 앞에 주어진 것들을 마음껏 누리며, 남들처럼 궁중 교육 충실히 받으'면 출세 가도를 달릴 수 있었다. 그러나 다니엘은 왕궁의 영화보다 하나님 앞에 거룩히 구별되기를 택했다.

오늘날의 모든 사람이 절제하며 살아간다. 무언가를 얻기 위해 자신의 권리를 내려놓고 절제한다. 즉, 문제는 절제의 실천 여부가 아니다. 절제의 '목적'이다. 절제의 목적이 분명해야 한다. 나는 무엇을 위해 절제하는가? 절제하는 이유가 나의 유익을 위해서인가? 참된 신앙인은 죄의 종으로 살지 않기 위해 절제해야 한다. 하나님과 세상 앞에 거룩하게 구별된 자로 살기 위해 절제하라!

절제의 방법을 구하라

"그리하여 감독하는 자가 그들에게 지정된 음식과 마실 포도주를 제하고 채식을 주니라"_단 1:16

절제의 목적이 정당하다면, 절제의 방법도 설득력이 있어야 한다. 우리는 세상 사람들과 함께 살아간다. 나의 작은 행동이 누군가에게 큰 영향을 미칠 수 있다. 나의 작은 날갯짓이 누군가에게 커다란 돌풍이 될 수도 있다. 우리의 절제는 방법도 지혜로워야 한다. 누군가에게 피해를 주는 방법은 옳지 않다. 세상보다 지혜롭고, 탁월해야 한다.

다니엘의 절제 방법은 어떠했는가? 다니엘의 절제는 독불장군식의 절제가 아니었다. 다니엘의 절제는 설득력이 있었다. 그는 먼저 환관장에게 음식을 절제할 수 있게 해 달라고 요청하고, 열흘 동안 채식과 물을 먹고 난 후 자신을 시험해 보라고 요청했다. 다니엘이 정중하게 요청하자, 감독하는 자는 지정된 음식과 포도주를 제외해 줬다. 다니엘의 절제가 개인과 공동체에 물의를 일으켰는가? 그렇지 않다. 그의 절제에는 지혜가 있었다. 주변 사람들의 지지를 이끌어 내고, 도움을 얻을 만큼 상식적이었다.

우리는 때때로 절제의 목적에만 집중해 극단적인 방법을 택하기도 한다. 가족에게 심려를 끼치고, 관련자를 곤란하게 만드는 무모한 절제를 하는 경우가 있다. 가령, 시험에 합격하기 위해 열흘간 금식한다든지, 하나님이 응답하시기 전까지는 식음을 전폐하겠다든지, 하나님의 사인이 있기 전까지 교회에 나가지 않겠다든지 무례하고 성경적이지 않은 방법을 택하고는 한다. 이런 결정은 이기적이며 설득력이 없다. 세상보다 우수하지도, 세상보다 성숙하여 본이 되지도 못한다. 절제의 방법을 잘못 선택하면, 거룩한 영향력이 아니라 도리어 무시와 조롱을 받게 된다.

다니엘의 절제는 예의와 겸손이 있었다. 자신의 정체성을 지키려는 다니엘의 모습은 환관장에게 감동을 주었다. 나의 절제는 어떠한가? 혹, 누군가에게 피해를 주는 방법으로 행하지는 않는가? 우리는 세상보다도 더 높은 수준으로 절제해야 한다.

"하나님이 우리에게 주신 것은 두려워하는 마음이 아니요 오직 능력과 사랑과 절제하는 마음이니"_딤후 1:7

하나님이 주시는 마음은 두려움이 아니다. 오직 능력과 사랑과 절제하는 마음이다. 세상에 올바른 절제의 모습을 보여 주고, 세상이 우리의 절제를 보고 감화받을 수 있어야 한다. 우리의 삶을 통해 그들도 하나님의 능력과 절제를 깨달을 수 있어야 한다. 우리는 하나님 나라를 보여 주는 하나님의 대사로서 이 세상에 존재한다.

절제를 통해 열매를 맺으라

"하나님이 이 네 소년에게 학문을 주시고 모든 서적을 깨닫게 하시고
지혜를 주셨으니 다니엘은 또 모든 환상과 꿈을 깨달아 알더라"
_단 1:17

예수님께서 좋은 나무는 열매로 안다고 말씀하셨다. 씨를
뿌리는 농부가 나쁜 열매를 기대하며 씨를 뿌리지 않듯이, 절제
하는 사람도 악한 열매를 위해 절제하진 않을 것이다. 그렇다면
우리는 어떤 열매를 맺어야 하는가? 콩을 심으며 팥을 바라는
것은 어리석은 짓이다. 우리 역시 절제하며 올바른 열매를 기대
해야 한다.

다니엘은 절제를 통해 두 가지 열매를 얻었다. 하나는 '동역
자'이고, 다른 하나는 '지혜'였다. 다니엘이 절제하기로 했을 때,
많은 사람이 동참하진 않았다. 지지하고 응원하는 것과 실제로
동참하는 것은 다른 문제다. 응원하는 사람들은 팬이 되지만, 짐
을 나눠서 지는 사람은 동역자가 된다. 다니엘은 절제하기로 결
심하면서 네 명의 진정한 동역자를 얻을 수 있었다. 만약 절제의
과정을 통과하지 못했다면 얻을 수 없었던 사람들이다.

다니엘은 절제를 통해 지혜를 얻었다. 학문을 얻었고, 모든
서적을 깨닫는 지혜를 갖추었다. 특별히 모든 환상과 꿈을 깨달
아 알게 되었다. 그러나 이것은 다니엘이 스스로 얻은 능력이 아

니다. 하나님께서 덧입혀주신 은혜다. 지혜와 지식의 근원이 하나님이시기 때문이다.

다니엘의 절제는 그가 하나님께 집중할 수 있도록 도와주었다. 그의 절제는 하나님을 응시하기 위해 군더더기를 걷어내는 작업이었다. 그 결과, 하나님이 주신 동역자와 하나님이 주신 지혜를 얻게 된 것이다. 절제의 유익은 무엇인가? 바로 하나님을 경험하는 것에 있다.

> "그러므로 누구든지 이런 것에서 자기를 깨끗하게 하면 귀히 쓰는 그
> 릇이 되어 거룩하고 주인의 쓰심에 합당하며 모든 선한 일에 준비함
> 이 되리라"_딤후 2:21

절제는 그릇을 준비하는 것이다. 주인이 쓰시기에 합당하도록, 하나님의 선한 일을 위해 자신을 비우고 깨끗하게 하는 과정이다. 우리가 할 수 있는 최선의 것은, 하나님이 일하심을 기대하며 주인이 귀히 쓰시는 그릇이 되는 것이다.

나는 하나님께 무엇을 기대하고 있는가? 기대하기에 앞서 하나님의 선한 도구가 되기 위해 어떤 준비를 하고 있는지 돌아보아야 한다. 주인이 귀하게 사용할 그릇이 되도록 준비하라! 준비된 자에게 하나님의 거룩한 열매가, 모든 선한 일의 열매가 맺힐 것이다. 절제를 통해 하나님의 풍성한 열매를 맞이할 준비를 하라!

【 **D**etermination | 결심 】

더 많은 것을 갖기 위해, 더 좋은 것을 누리고자 끊임없이 경쟁하는 세상 속에서 절제한다는 것이 미련해 보일 수 있다. 그러나 절제는 세상에서 뒤처지는 것이 아닌, 세상의 것을 비우고 하나님으로 채우는 과정이다. 충분히 내 생각을 주장할 수 있고, 내 마음을 드러낼 수 있다. 그러나 그런 '나의 나 됨'을 내려놓고, 하나님께 양보해 드리는 것이 절제이다.

절제는 자신을 비우는 작업이다. '나'라는 그릇에 담긴 헛된 것을 치우고, 세상이라는 얼룩을 닦아 내는 과정이다. "이렇게 해야 해!", "남들도 다 그렇게 해"라고 외치는 세상의 소리에 집중하지 말라! 나 자신을 주장하고, 내 욕심을 외치게 만드는 마음의 소리에 귀 기울이지 말라! 나의 시간을 절제하여 하나님께 드려라. 내 물질을 절제하여 하나님과 이웃에게 흘려 보내라!

많은 사람이 '나를 위해' 절제한다. 나중을 위해 물질을 저축하고, 더 나은 삶을 위해 지금의 쾌락을 참아 낸다. 그러나 다니엘이 보여 준 절제는 그런 것이 아니었다. 다니엘의 절제는 '하나님의 영광'을 위한 절제였다. 자신을 더럽히지 않고, 하나님으로 가득히 채움으로써 이 땅에 하나님의 자녀로 살아 내기 위한 절제였다. 우리 역시 절제의 목적이 하나님이어야 한다.

물론 쉽지 않을 것이다. 방해하려는 유혹과 공격이 끝없이 찾아올 것이다. 그러나 내가 결심할 때 하나님께서 지혜를 주신다.

함께할 동역자를 붙여 주실 것이다. 믿음으로 도전하라! 하나님의 은혜를 경험하지 못하는 것은, 하나님의 뜻을 실천하지 않기 때문이다. 다니엘은 자신이 누릴 수 있는 것을 포기했다. 거룩하기 위해 절제했다. 그때 하나님은 그의 삶을 신실하게 인도해 가셨다.

예의 있게 절제하라! 나의 절제에 세상도 감화받게 하라! 나는 이 세상으로 보냄을 받은 하나님의 대사이다. 하나님이 부어 주신 능력과 사랑과 절제를 보여 주라! 하나님은 자기를 깨끗게 하는 자를 지금도 찾고 계신다.

다니엘 프로젝트

【 Exercise-guide | 훈련 】

❶ 다니엘의 절제는 하나님의 영광을 위한 절제였다. 그리스도인이 추구해야 할 고상한 절제의 미덕은 무엇인가?

❷ '시간'과 '재정'과 '욕망'을 절제해 보라. 나를 위해 사용하던 것을 하나님과 이웃을 위해 사용할 수 있는 방법을 정하여 실천해 보라.

❸ 주님의 공동체는 세상과 구별된 모임이다. 주인이 쓰시기 합당한 그릇으로 빚어지기 위해 우리 공동체가 경계하고, 끊어 내야 할 절제 리스트를 작성해 보라.

【 본문암송구절 】

하나님이 우리에게 주신 것은
두려워하는 마음이 아니요
오직 능력과 사랑과 절제하는 마음이니
디모데후서 1장 7절

【 적용송 】

믿음이 없이는

DAY 12

#구별

세상과 다른,
구별된 삶으로 승부하라

— HOLY

HABIT

— MOVEMENT

【 **A**pproach ︱ 도입 】

쾌락 중독

한 부자 청년이 예수님께 '영생 얻는 방법'에 관해 물었다. 예수님은 부자 청년에게 "네 소유를 팔아 가난한 자들에게 주라 그리하면 하늘에서 보화가 네게 있으리라 그리고 와서 나를 따르라"라고 말씀하셨다[마 19:21]. 예수님의 대답을 들은 청년은 재물이 많았기에 근심하며 돌아갔다. 청년이 가진 많은 재물이 그가 예수님을 따르지 못하도록 방해한 것이다. 이 청년에게는 예수님을 따르는 즐거움보다, '물질이 주는 쾌락'이 더 소중했다. 그가 돌아간 후 예수님은 제자들에게 '부자는 천국에 들어가기 어렵다'라고 말씀하셨다[마 19:23]. 재차 '낙타가 바늘귀로 들어가는 것이 부자가 하나님 나라에 들어가는 것보다 쉽다'라고 하셨다[마 19:24]. 부자 청년은 계명을 잘 지키는 사람이었다. 그런 그가 왜 하나님 나라에 들어갈 수 없었을까? 부자가 천국에 들어갈 수 없다면, 과연

재산은 얼마까지 가져도 되는가?

> "한 사람이 두 주인을 섬기지 못할 것이니 혹 이를 미워하고 저를 사랑하거나 혹 이를 중히 여기고 저를 경히 여김이라 너희가 하나님과 재물을 겸하여 섬기지 못하느니라"_마 6:24

예수님은 하나님과 재물을 겸하여 섬길 수 없다고 말씀하신다. 즉, '재물'이 얼마나 있느냐의 문제가 아니다. 그 재물을 하나님처럼 사랑하는 것이 문제다. 우리는 '하나님'이 아닌, '하나님이 주신 것'을 사랑하곤 한다. 그리고 그 대상에 마음을 빼앗겨 버리곤 한다.

오늘날 한국 사회를 잘 설명해 주는 주요 키워드가 있다. 바로 '중독'이다. 알코올 중독, 게임 중독, 카페인 중독, 니코틴 중독, 쇼핑 중독, 도박 중독, 스마트폰 중독, 마약 중독…. 개인을 넘어 가정과 사회를 파괴하는 다양한 중독이 가득하다. 점차 중독의 범위도 나이와 성별을 불문하여 확산하고 있다. 경찰청 발표에 따르면 10·20대의 마약류 사범은 2018년 1,496명에서 2022년 4,497명으로, 5년 사이 무려 3배나 늘어났다.[3]

왜 사람은 중독되는가? 중독이 주는 '쾌락' 때문이다. 인간은

---

3   1020세대 마약중독 고리 끊는다… 전국 확대되는 재활센터, 파이낸셜뉴스(2023.
     07.20), https://www.fnnews.com/news/202307201812034298

아담의 범죄 이후, 하나님과 교제가 단절되었다. 오늘날 인류는 하나님 한 분으로 만족하지 못하고 있다. 하나님이 주시는 참된 기쁨을 누리지 못하고 있다. 하나님 대신 나에게 쾌락을 주는 다른 무언가를 꾸준히 찾고 있다. '쾌락'이라는 감정 역시 하나님이 주신 것이며, 쾌락 자체가 나쁜 것은 아니다. 문제는 하나님이 아닌 다른 것에서 쾌락을 추구한다는 데 있다. 하나님이 주시는 참된 기쁨이 아닌 헛된 쾌락, 잘못된 쾌락에 빠지는 것이 문제다.

【 Bible | 말씀 】

"벨사살 왕이 그의 귀족 천 명을 위하여 큰 잔치를 베풀고 그 천 명 앞에서 술을 마시니라"_단 5:1

느부갓네살왕에 이어 벨사살왕이 바벨론을 다스리게 된다. 새로운 왕 벨사살은 다니엘을 알지 못했다. 다니엘을 알지 못했다는 것은, 그가 섬기는 하나님 역시 알지 못했다는 뜻이다. 하나님을 모르는 벨사살은 세상의 수많은 왕과 똑같이 살고자 했다. 그는 수많은 왕후와 후궁을 두어 자신의 욕구를 충족시켰다. '가진 자', '힘 있는 자'가 모든 것을 차지한다는 세상의 논리를 잘 보여 주는 사람이었다. 벨사살은 많은 것을 가졌고, 누렸고, 뽐냈다. 그는 세상 권력자의 교만과 죄악을 여실히 보여 주는 예표가 되었다.

어느 날, 벨사살은 큰 잔치를 베풀어 자신의 권력을 자랑하고 싶었다. 예루살렘 성전에서 탈취해 왔던 온갖 금은 그릇을 가져와 거기에 술을 따라 마셨다. 하나님께 거룩하게 구별된 성물들이, 벨사살의 힘과 권세를 자랑하는 도구로 취급된 것이다. 하나님은 그런 벨사살에게 인간이 자랑하는 쾌락의 한계가 무엇인지 알려 주신다. 자신의 권력을 뽐내며 자랑하던 벨사살이 하나님 앞에 얼마나 미약한 존재인지 알려 주신다.

인간은 끝없이 허망한 것을 추구한다. 영원하지 않은 것에서 즐거움을 누리고, 헛된 것에서 쾌락을 추구한다. 그렇게 세상의 쾌락만 좇다가 하나님의 임박한 심판을 보지 못한다. 그렇게 결국, 패망의 구렁텅이에 빠지게 된다.

"이같이 너희 빛이 사람 앞에 비치게 하여 그들로 너희 착한 행실을 보고 하늘에 계신 너희 아버지께 영광을 돌리게 하라"_마 5:16

하나님은 죽음의 길로 달려가는 사람들의 발걸음을 멈추기 원하신다. 사망의 길에서 벗어나, 생명의 길에 서길 원하신다. 그리고 이 일을 위해 우리를 부르셨다. 우리에게 생명의 길을 알려 주는 '세상의 빛'이 되라고 명령하신다. 우리의 착한 행실을 통해 세상에 그 빛을 비추라고 하신다. 이를 위해 '세상과 다른 구별된 삶'이 필요하다.

주님은 우리를 영원한 생명을 위한 영광의 도구로 부르셨다. 우리의 존재가 더 이상 세상에 속한 자가 아닌, 세상을 향해 하나님의 빛을 발하는 존재로 변화된 것이다. 따라서 모든 그리스도인은 사명자이다. 이 세상에 하나님의 영광을 비춰 보여 주는 자가 돼야 한다. 그렇다면 그것이 어떻게 가능한가? 구별된 삶을 통해서이다. 세상과는 구별된 거룩한 삶을 보여 줌으로써 하나님의 위대하심을 드러내야 한다.

【 Challenge point | 도전 】

세속적 쾌락의 본질을 간파하라

"이에 예루살렘 하나님의 전 성소 중에서 탈취하여 온 금 그릇을 가져오매 왕이 그 귀족들과 왕후들과 후궁들과 더불어 그것으로 마시더라"_단 5:3

벨사살은 귀족들을 초대해 큰 잔치를 베풀었다. 벨사살은 그의 부친 느부갓네살이 예루살렘 성전에서 탈취해 온 금 그릇들을 가져오라고 명령했다. 그곳에 모인 사람들과 함께 술을 마시기 위해서였다. 성전에서 사용된 그릇은 하나님께 거룩히 구별된 성물이었다. 벨사살은 자신의 위대함을 보여 주기 위해 성전의 그

룻들을 가져오게 했다.

> "그들이 술을 마시고는 그 금, 은, 구리, 쇠, 나무, 돌로 만든 신들을 찬
> 양하니라"_단 5:4

벨사살왕은 자신이 섬기는 우상을 찬양하며, 이스라엘의 하
나님을 모욕했다. 이처럼 인간이 저지르는 죄의 중심에는 '교만'
이 있다. 하나님과 같아지려는 것, 나아가 자신이 하나님보다 더
높아지려는 교만이 숨어 있다. 벨사살은 자신이 정복한 신들보다
자기가 더 뛰어남을 자랑하기 위해 일종의 퍼포먼스를 준비한 것
이다. 자신을 사랑하고, 자기를 자랑하려는 마음이 '세속적 쾌락'
의 본질이다.

> "그 때에 사람의 손가락들이 나타나서 왕궁 촛대 맞은편 석회벽에 글
> 자를 쓰는데 왕이 그 글자 쓰는 손가락을 본지라"_단 5:5

그런데 갑자기 손가락이 나타나 왕이 보는 앞에서 벽에 글자
를 쓰기 시작했다. 벨사살의 자아도취로 가득했던 잔칫집이 어느
새 공포의 현장이 되고 말았다. 벨사살의 얼굴빛이 변하고, 번민
에 빠지게 된다단 5:6a. 그의 넓적다리마디는 녹는 듯했고, 무릎이
부딪히며 공포에 빠져들었다단 5:6b. 이것이 세속적 쾌락의 민낯
이다. 세상의 자랑은 하나님의 심판 앞에 안개같이 사라진다. 쾌

락이라는 얇은 포장지를 들춰 보면 죽음과 공포만 남게 된다.

세속적 쾌락의 본질을 간파해야 한다. 하나님과 같아지려는 것, 하나님 위에 자신을 두려는 교만은 허울뿐인 가짜 즐거움이다. 하나님의 심판 앞에 세속적 즐거움은 쉬이 사라져 버린다. 세상의 즐거움에 속지 말라! 세상의 쾌락을 동경하지 말라! 아무리 아름답고 즐거운 일이라도 그것이 하나님을 대적하는 것이라면 속히 버려야 한다. 세속적 쾌락이 아닌, 하나님 안에 있는 영원한 즐거움을 선택해야 한다.

세상과 타협하지 말라

"다니엘이 왕에게 대답하여 이르되 왕의 예물은 왕이 친히 가지시며 왕의 상급은 다른 사람에게 주옵소서 그럴지라도 내가 왕을 위하여 이 글을 읽으며 그 해석을 아뢰리이다"_단 5:17

벨사살은 손가락이 나타나 글씨를 쓰는 장면을 보고 공포에 빠졌다. 바벨론의 수많은 지혜자를 모았지만, 그 글자를 읽지 못하고, 해석하여 뜻을 알려 주지도 못했다. 그때 왕비가 대안을 제시한다. 새로운 왕 벨사살에 의해 잊힌 자, 하나님의 지혜로 충만한 다니엘을 소개한다.

다니엘은 벨사살의 부친 느부갓네살왕 때는 맹활약했지만, 왕권이 교체되면서 잊힌 다니엘을 급히 불러낸다. 하나님께서 다시 다니엘을 역사의 전면에 등장시킨 것이다. 세상이 원하는 사람이 되고자 애쓰는 사람은 많다. 하지만 하나님의 마음에 합한 사람, 하나님이 즐겨 사용하는 사람이 되기 위해 힘쓰는 사람은 너무나 드물다. 세상은 다니엘을 잊으려 했지만, 하나님은 다니엘을 기억하시고 다시 무대에 등장하게 이끄셨다.

> "다니엘이 왕에게 대답하여 이르되 왕의 예물은 왕이 친히 가지시며
> 왕의 상급은 다른 사람에게 주옵소서 그럴지라도 내가 왕을 위하여
> 이 글을 읽으며 그 해석을 아뢰리이다"_단 5:17

벨사살은 다니엘에게 솔깃한 제안을 한다. 벽에 쓰인 글을 읽고 해석해 주면 자주색 옷을 입히고, 금 사슬을 걸어 주고, 나라의 셋째 통치자로 삼겠다고 말한다. 새로운 정권이 들어서면서 다니엘은 좌천된 존재였다. 얼마나 솔깃한 제안인가? 다시 부귀영화를 누릴 좋은 기회였다. 그러나 다니엘은 이 제안에 혹하지 않는다. 다니엘은 명예와 권력에 움직이는 사람이 아니었다. 왕의 예물은 왕이 가지고, 왕의 상급은 다른 사람에게 주라고 말한다. '그럴지라도', 아무런 대가가 없어도 그것과 별개로 왕을 위해 글을 해석해 주겠다는 것이다. 왜였을까? 충분히 대가를 받아도 되는데 다니엘은 왜 거절했을까? 그것은 그 글을 해석하여 전하는 것이 하나님의 뜻이었기 때문이다. 즉, 무언가를 보상받지 않아도 마땅히 해야 할 일이었다.

다니엘은 자신의 이익을 위해 세상과 타협하지 않았다. 벨사살의 대우와 상관없이 오직 하나님의 명령에 따라 움직였다. 하나님의 영광이 삶의 이유였다. 나는 무엇을 위해 살고 있는가? 혹, 나의 이익을 위해 세상과 타협하며 살고 있진 않은가? 하나님은 세상의 필요가 아닌, 하나님의 영광을 위해 사는 자를 사용하신다.

마음을 낮추고 하나님께 영광을 돌리라

"벨사살이여 왕은 그의 아들이 되어서 이것을 다 알고도 아직도 마음을 낮추지 아니하고"_단 5:22

다니엘은 벨사살의 아버지인 느부갓네살에게 권세와 영광을 주신 분은 하나님이시라고 말한다. 느부갓네살이 스스로 마음을 높여 교만해졌기에 하나님이 그 영광을 빼앗으셨다고도 말한다. 세상을 다스리시는 진정한 왕은 하나님이다. 그리고 느부갓네살 역시 이 사실을 고백한 바 있다단 5:21. 그러나 느부갓네살의 아들인 벨사살은 이 사실을 알면서도 마음을 낮추지 않고, 교만하게 행동하고 있었던 것이다. 이에 다니엘은 벨사살의 교만을 지적하며, 왕의 본분이 하나님께 영광 돌리는 것임을 알려 준다.

거룩하게 구별된 삶은 나의 진정한 왕이 누구신지 인정할 때 가능하다. 나의 호흡을 주장하시고, 나의 모든 길을 작정하신 하나님을 인정할 때, 비로소 하나님을 영화롭게 하는 인생을 살 수 있다.

"기록된 글자는 이것이니 곧 메네 메네 데겔 우바르신이라"_단 5:25

다니엘은 벨사살왕에게 벽에 기록된 글자를 해석해 준다. '메네'는 '하나님이 이미 왕의 나라의 시대를 세어서 그것을 끝나게 하셨다'라는 뜻이다. '데겔'은 '왕을 저울에 달아 보니 부족함이 보였다'이며, '베레스'는 '왕의 나라가 나뉘어서 메대와 바사 사람에게 준 바 되었다'라는 뜻이었다. 즉, 하나님을 무시한 벨사살의 어리석음 때문에 그의 영광이 다른 사람에게 넘어가게 될 것이라는 의미였다. 그날 밤, 벨사살은 죽임을 당한다. 그리고 메대 사람 다리오가 새롭게 왕위에 오른다.

이 세상의 진정한 왕은 하나님이시다. 왕이신 하나님은 공정한 저울로 사람의 마음과 행위를 달아보신다. 거룩하신 하나님은 의로운 뜻에 따라 일하시고 심판하신다. 하나님은 주기도 하시지만, 빼앗기도 하신다. 우리의 것을 다른 누군가에게 넘기기도 하신다.

나 역시 그분의 심판대 앞에 있음을 기억해야 한다. 하나님의 공정한 저울 앞에 내 마음이 놓여 있다는 것을 잊지 말아야 한다. 마음을 낮추고, 겸손히 하나님의 영광을 높이라! 하나님은 하나님을 높이는 자를 사용하신다. 자신을 낮추는 자를 높여 사용하시는 분이 여호와 하나님이시다.

【 **D**etermination | 결심 】

세속적 쾌락을 추구하던 벨사살의 잔칫날은 그의 마지막 날이 되었다. 왕으로서 자신의 위대함을 자랑하고 드러내던 그날이 본인의 장례식이 될 줄 몰랐던 것이다. 현재의 즐거움에 도취해 세상의 즐거움을 좇는 것은 비단 벨사살의 모습만은 아니다. 많은 사람이 하나님이 아닌 세상의 헛된 것에서 즐거움을 찾는다. 심지어 하나님을 믿는다고 하는 자들도 세상과 구별되지 않고, 하나님과 세상을 겸하여 섬기며 살아간다. 예수님을 찾아와 영생에 관해 물었지만, 자신의 것을 포기할 수 없었던 부자 청년처럼 세상의 쾌락을 포기하지 못한다.

"묵시가 없으면 백성이 방자히 행하거니와"_잠 29:18a

하나님을 알지 못하면 세상과 구별될 수 없다. 하나님의 뜻을 모르기에 방자하게 살게 된다. 여기서 '방자하다'라는 말은 하나님을 두려워하지 않고, 무례하고 건방지게 산다는 뜻이다. 방자한 사람은 벨사살처럼 자신을 높이고 자랑하는 데 몰두한다.

하나님을 바르게 알 때 우리는 겸손할 수 있다. 하나님을 인정하고, 하나님을 높이기 위해선 하나님이 어떤 분인지 알아야 한다. 하나님을 바르게 알고, 그분을 인정하며, 겸손히 하나님께 영광 돌리라!

나를 향한 하나님의 뜻은 '거룩'이다. 하나님은 나에게 "내가 거룩하니 너희도 거룩할지어다"라고 말씀하신다레 11:45. '거룩'이라는 단어의 뜻이 '구별됨'이다. 분명 세상에서 세상 사람들과 함께 살아가지만, 삶의 모습과 내용은 구별되어야 한다.

하나님과 단절된 세상에 있으면, 하나님이 주시는 참된 기쁨을 누릴 수 없다. 그런 사람은 기쁨을 추구하고자 수많은 쾌락과 중독에 기웃거린다. 벨사살도 마찬가지였다. 그는 자신이 가진 많은 소유에서 기쁨을 찾고 누리려 했다. 성전에서 탈취한 금, 은 그릇을 가져다가 쾌락을 즐겼다. 우리의 모습은 어떠한가? 쾌락을 채우는 일에 분주해 있진 않은가? 세상과 똑같이 살면서 구별될 순 없다. 한 사람이 두 주인을 섬길 수 없다. 내가 버려야 할 나의 가짜 주인은 무엇인가? 거룩하게 구별되는 것이 그리스도인의 무기이다. 거룩으로 무장하라! 하나님이 나를 들어 선하신 일을 위해 사용하실 것이다.

【 **E**xercise-guide | 훈련 】

❶ 나는 무엇에 가장 많은 시간을 할애하고 있는가? 나의 마음을 빼앗는 우상이 무엇인지 생각해 보라.

❷ 하나님보다 우선하고 있는 일이 있진 않은가? '나를 위한 시간'을 '하나님을 위한 시간'으로 드릴 방법을 생각해 보라.

❸ 벗어나야 할 중독에 대해 공동체 앞에서 솔직하게 나누고, 서로의 연약함을 도와 선한 길로 인도할 수 있는 방안을 생각해 보라.

【 본문암송구절 】

이같이 너희 빛이 사람 앞에 비치게 하여
그들로 너희 착한 행실을 보고
하늘에 계신 너희 아버지께
영광을 돌리게 하라
마태복음 5장 16절

【 적용송 】

신실하게 진실하게

DAY 13

나눔의 기적으로
하나님 나라를 세워라

HOLY HABIT ——— MOVEMENT

【 **A**pproach | 도입 】

하나님이 기뻐하시는 제사

19세기 조선은 그야말로 가난하고 병든 땅이었다. 급변하는 정세 속에서 모두가 혼돈을 경험하고 있었다. 그러나 이곳에도 하나님의 뜻이 있었고, 가슴에 열정을 가득 담은 이들이 조선 땅을 밟기 시작했다.

1884년 알렌Horace Newton Allen 선교사는 우리나라 최초의 서양식 국립병원인 광혜원을 설립했고, 후에 '많은 사람을 구제한다'는 의미인 '제중원'으로 이름을 바꿨다. 1885년 아펜젤러Henry Appenzeller 선교사는 '크고자 하거든 남을 섬기라'라는 마태복음 20장 말씀을 교훈으로, 한국 최초의 서양식 근대 교육기관인 배재학당을 설립했다.

1886년 언더우드Horace Grant Underwood는 진리를 가르쳐 줄 전도사와 교사를 양성하기 위해 언더우드학당을 세웠다. 이곳은 우리나라 최초의 고아원 학교였으며, 후에 경신학당으로 개명했다. 같은 해 스크랜튼Mary Scranton은 이화학당과 한국 최초의 여성병원인 보구녀관을 설립했다. 스크랜튼은 조선의 미래를 밝힐 여성 지도자를 양성하는 데 힘쓰며, 죽을 때까지 한국을 떠나지 않고 평생 교육 선교를 이어 나갔다.

지구 반대편 유럽은 어떠했을까? 천연두나 홍역으로 추측되는 '안토니누스 역병'과 '키프리아누스 역병'이 로마에 창궐했을 때, 그리스도교 신자의 수는 오히려 4만 명에서 600만 명으로 급증했다고 한다. 당시 전염병의 확산에도 불구하고, 그리스도인들이 성경의 말씀대로 가난한 자를 구제하고, 병든 자를 치료하며 적극적으로 보살폈기 때문이다. 심지어 그리스도인을 박해하던 이들 역시 차별하지 않고, '하나님 사랑, 이웃 사랑'이라는 최고의 가르침을 지켜 행했다. 그들에게는 '파라볼라노이'위험을 무릅쓰는 자들라는 영예로운 칭호가 붙었는데, 이들의 헌신에 감명을 받은 박해자들이 그리스도인으로 개종하는 기적의 역사가 이어졌다.

비단 두 시대의 사례뿐만은 아니다. 기독교는 언제나 하나님의 말씀을 이 땅 가운데 성취하기 위해 어떠한 순간에서도 일상에서의 영적 습관을 지켜 내려 분투했다. 그것이 바로 '나눔'이다.

"오직 선을 행함과 서로 나누어 주기를 잊지 말라 하나님은 이같은 제사를 기뻐하시느니라"_히 13:16

나눔이 없으면 교회가 아니다. 예수님은 자신의 살과 피를 상징하는 떡과 포도주를 나누셨다. 심지어 제자들이 자신을 배반할 것을 아시면서도 말이다. 가장 가치 있는 것을 나눠 주는 것이 바로 사랑임을 주님이 몸소 보여 주신 것이다. 나는 가진 것을 아낌없이 나누고 있는가? 고개를 갸웃거리게 된다면, 나의 소유가 모두 주님의 것임을 먼저 인정하라.

【 Bible | 말씀 】

"그런즉 왕이여 내가 아뢰는 것을 받으시고 공의를 행함으로 죄를 사하고 가난한 자를 긍휼히 여김으로 죄악을 사하소서 그리하시면 왕의 평안함이 혹시 장구하리이다 하니라"_단 4:27

느부갓네살왕은 금 신상을 만들어 신하들을 낙성식에 참여하게 했다. 백성은 그 신상을 '느부갓네살왕이 세운 금 신상'이라고 불렀다. 금 신상과 함께 느부갓네살왕을 높이고 드러내려는 것이 낙성식의 목적이었다. 낙성식에 참여한 다니엘의 세 친구 사드락, 메삭, 아벳느고는 여호와 하나님만 섬기기 때문에 금 신상에 절하지 않았다. 이에 느부갓네살왕은 크게 노하여 사드락, 메삭, 아벳느고를 맹렬히 타는 불구덩이에 던지게 했다. 느부갓네살왕은 이렇게 자신이 하나님의 위치에 있다고 착각하고 있다.

수많은 권력과 명예를 가지게 된 느부갓네살왕의 내면은 자기중심적이었다. 또한 하나님의 위치를 자신이 대신하고 싶어 하는 교만한 상태에 놓여 있었다.

하나님은 교만한 느부갓네살왕에게 꿈을 주신다. 매우 높이 자란 튼튼하고 견고한 나무를 그루터기만 남기고 베어 버리는 꿈이다. 느부갓네살왕의 교만을 꿈으로 보여 주신 것이다. 하늘까지 닿은 나무는 느부갓네살왕을 뜻하며 그루터기만 남기고 벤다는 것은 느부갓네살왕을 낮추기 위한 하나님의 심판이 있을 것이라는 뜻이다. 하나님은 교만한 느부갓네살왕에게 내릴 심판을 예표하셨다.

【 Challenge point ┃ 도전 】

구제로 내면을 정결케 하라

다니엘은 꿈을 해석하면서 느부갓네살왕이 사람들 앞에서 쫓겨날 것이며, 들짐승과 함께 살며 소처럼 풀을 먹으며 살 것이라고 말한다. 그러면서 교만한 느부갓네살왕의 내면이 정결케 되기 위해서 어떻게 해야 하는지 말해 주고 있다.

"그런즉 왕이여 내가 아뢰는 것을 받으시고 공의를 행함으로 죄를 사하고 가난한 자를 긍휼히 여김으로 죄악을 사하소서 그리하시면 왕의

평안함이 혹시 장구하리이다 하니라"_단 4:27

　다니엘은 느부갓네살왕에게 자신이 아뢴 하나님의 심판을 받고, 가난한 자를 구제함으로 죄악을 사하라고 당부하고 있다. 가난한 자를 살피고 구제함으로 내면이 깨끗하게 될 수 있음을 말하는 것이다.

　예수님도 다니엘과 같은 말씀을 하셨다. 누가복음에서 예수님은 바리새인의 내면이 부정하다고 질책하시면서 다음과 같이 말씀하셨다.

> "주께서 이르시되 너희 바리새인은 지금 잔과 대접의 겉은 깨끗이 하나 너희 속에는 탐욕과 악독이 가득하도다 어리석은 자들아 겉을 만드신 이가 속도 만들지 아니하셨느냐 그러나 그 안에 있는 것으로 구제하라 그리하면 모든 것이 너희에게 깨끗하리라"_눅 11:39-41

　예수님은 탐욕과 악독이 가득한 바리새인에게 내면을 깨끗하게 하기 위해서는 가난한 사람을 구제해야 한다고 말씀하신다. 구제함으로 우리 안에 있는 탐욕과 악독이 정결케 된다는 것이다. 오늘날 우리는 내면을 돌보기 어려운 시대를 살아가고 있다. 끊임없이 성장을 위해 채찍질 당하며, 내면을 돌볼 시간 없이 앞만 보며 내달리고 있다.

　그러나 인간은 하나님의 형상으로 지음받은 영적인 존재이다. 모두 내면을 가지고 있으며, 그 내면이 풍성해야만 행복을 누릴 수 있다. 하나님은 인간을 그렇게 디자인하셨다. 우리 내면이 건강케 되고 풍성케 되기 위해서는 나를 위해서만 살지 않아야 한다. 이웃을 위해 구제하며 내면을 건강하게 세워야 한다. 우리가 구제함으로 이웃을 살리는 것이 아니다. 우리가 구제할 때에 그 구제가 우리의 내면을 살리는 것이다.

구제로 하나님을 기쁘시게 하라

구약에서 하나님은 선지자들을 통해 정의와 공의에 대해 말씀하신다.

> "사람아 주께서 선한 것이 무엇임을 네게 보이셨나니 여호와께서 네게 구하시는 것은 오직 정의를 행하며 인자를 사랑하며 겸손하게 네 하나님과 함께 행하는 것이 아니냐"_미 6:8

하나님이 오직 구하시는 것은 정의와 사랑과 겸손하게 하나님과 동행하는 것이다. 하나님께서 구약에서 말씀하신 정의는 무엇일까?

> "너희의 하나님 여호와는 신 가운데 신이시며 주 가운데 주시요 크고 능하시며 두려우신 하나님이시라 사람을 외모로 보지 아니하시며 뇌물을 받지 아니하시고 고아와 과부를 위하여 정의를 행하시며 나그네

를 사랑하여 그에게 떡과 옷을 주시나니"_신 10:17-18

신명기에는 고아와 과부를 공평하게 대하는 것이 정의라고 기록되어 있다. 또한 나그네에게 떡과 옷을 주는 것이 정의라고 기록되어 있다.

"사람이 만일 의로워서 정의와 공의를 따라 행하며 ... 사람을 학대하지 아니하며 빚진 자의 저당물을 돌려 주며 강탈하지 아니하며 주린 자에게 음식물을 주며 벗은 자에게 옷을 입히며"_겔 18:5, 7

하나님은 에스겔 선지자를 통해 하나님의 정의와 공의가 무엇인지 말씀하신다. 이웃을 학대하지 않고, 주린 자에게 더욱 적극적으로 음식물을 주며, 벗은 자에게 옷을 입히는 것이 하나님이 기뻐하시는 정의와 공의다.

또한, 하나님은 이사야 선지자를 통하여 하나님이 기뻐하시는 금식이 무엇인지 말씀해 주신다.

"내가 기뻐하는 금식은 흉악의 결박을 풀어 주며 멍에의 줄을 끌러 주며 압제 당하는 자를 자유하게 하며 모든 멍에를 꺾는 것이 아니겠느냐 또 주린 자에게 네 양식을 나누어 주며 유리하는 빈민을 집에 들이며 헐벗은 자를 보면 입히며 또 네 골육을 피하여 스스로 숨지 아니하는 것이 아니겠느냐"_사 58:6-7

하나님이 기뻐하시는 금식은 주린 자에게 양식을 나누어 주고, 빈민을 도와주고 헐벗은 자에게 옷을 입히는 것이다.

우리의 신앙의 궁극적인 목표는 하나님을 기쁘시게 해 드리는 것이어야 한다. 하나님께서는 정의와 공의의 실천을 가장 기뻐한다고 말씀하신다. 그리고 정의와 공의를 실천하는 것은 가난한 자를 구제하는 것이라고 분명히 말씀하신다. 오늘 하나님을 기쁘시게 해 드리고 싶은가? 도움이 필요한 이웃을 위해 사랑을 실천하라. 하나님은 그런 우리의 모습을 통해 진정으로 영광 받으실 것이다.

구제로 교회를 교회 되게 하라

교회의 건강성을 진단할 때 표본이 되는 것은 무엇인가? 가장 주님을 사랑했던 초대교회 공동체가 기준이 된다. 초대교회를 성경을 통해 살펴보고 분석할 때 우리는 교회의 교회다움을 회복할 수 있다. 초대교회는 어떤 특징이 있었을까?

"그들이 사도의 가르침을 받아 서로 교제하고 떡을 떼며 오로지 기도하기를 힘쓰니라 … 또 재산과 소유를 팔아 각 사람의 필요를 따라 나눠 주며 날마다 마음을 같이하여 성전에 모이기를 힘쓰고 집에서 떡을 떼며 기쁨과 순전한 마음으로 음식을 먹고 하나님을 찬미하며 또 온 백성에게 칭송을 받으니 주께서 구원 받는 사람을 날마다 더하게 하시니라"_행 2:42, 45-47

초대교회에는 사도들의 성경 공부 모임이 있었다. 그리고 서로 교제하고 떡을 떼는 친교가 있었다. 그들은 모이기를 힘쓰며, 함께 모여 기도하고 하나님을 찬송했다. 그리하여 전도가 활발하게 되었고, 주님께서 구원받는 자들을 날마다 늘어 가게 하셨다. 성경 공부, 친교, 예배, 기도, 찬송은 오늘날 우리 교회들이 열심을 내는 영역이다. 그러나 초대교회가 필수적으로 교회가 교회 되게 하시며 백성의 칭송을 받아 전도의 활력이 되게 한 중요한 한 가지 필수요소가 있었다. 바로 '구제'다.

오늘날 우리는 '구제'라는 교회의 요소를 어떻게 바라보고 있는가? 성경 공부, 예배 등을 활발히 한 다음, 남는 힘으로 하는 것이라는 인식은 없는지 초대교회에 우리의 공동체를 비추어 보고 진단해 볼 필요가 있다. 성경 공부와 예배만큼이나 교회를 교회 되게 하는 것은 가난한 자를 예수님의 마음으로, 그분의 사랑으로 돌보는 구제이다. 세상의 빛과 소금의 역할을 감당하기 위해서는 구제해야 한다. 교회는 구제를 실천함으로써 세상 한가운데 굳건히 설 수 있다.

【 Determination | 결심 】

나눔은 하나님 나라의 핵심 가치이다. 이스라엘을 구원하신 하나님의 명령이기도 하며, 예수 그리스도의 십자가 은혜를 누리며 살아가는 자가 행해야 할 마땅한 사랑의 율법이다. 나눔을 행하지 않고, 주님의 나라와 의를 구할 수는 없다. 나눔이 없는 것은 주께서 우리에게 행하신 일들을 잊어버리는 것이다. 그렇기에 나눔은 단순히 부를 흘려 보내는 개념이 아니다. 하나님의 긍휼과 자비가 선포되는 예식이다.

매년 11월에 열리는 다니엘기도회에는 '사랑의 헌금'이 있다. '이웃을 네 자신과 같이 사랑하라'라고 명령하신 예수님의 말씀을 실천하는 데 집중하는 사역이다. 2023년에도 16,000여 교회가 뜨거운 기도로 연합하는 가운데 물질의 정성이 모여, 아픔과 고통에 신음하며 눈물 흘리는 자들에게 수술비를 지원할 수 있었다. 또한 복음이 필요한 세계 곳곳 교회와 선교사님들의 사역을 돕고 섬길 수 있었다.

그뿐만 아니다. 다니엘기도회를 통해 세워진 '다니엘프렌즈'는 전 세계 어느 곳이든 하나님께서 부르시는 곳으로 가장 먼저, 긴급하게 달려간다. 태풍과 화재, 수해 등의 피해를 입은 지역에서 그들의 회복을 위해 애쓴다. 주님의 몸 된 공동체를 통해 십자가 은혜를 전하려 몸부림치는 이들의 생존과 직결된 난제들을 팔을 걷어붙이고 돕는다. 이렇게 하는 이유가 무엇인가? 이것이 말씀에 순종하는 길이기 때문이다. 나눔은 예수님의 길을 따라간다. 우리의 내면을 정결할 뿐 아니라, 이웃의 영혼을 사랑으로 살려 낸다. 이것이 하나님을 기쁘시게 하는 정의를 이루는 방법이며, 교회를 교회 되게 하는 빛과 소금의 역할이다.

무엇을 소유하며 사는가? 나의 소유가 세상에서 더 빛나는 가치로 사용되도록 기꺼이 하나님께 헌신하라! 내게 있는 것을 내어 주면서 가장 값진 하나님의 은혜를 소유하는 자가 되어라! 바로 그 자리에서 하나님 나라가 세워질 것이고, 그 습관이 당신의 영혼을 풍요롭게 할 거룩한 영성이 될 것이다.

【 **E**xercise-guide | 훈련 】

① 이번 주, 하나님이 기뻐하실 만한 곳에 물질의 나눔을 실천해 보라. 그리고 이야기를 공동체에서 나누어 보라.

② 나눔을 주저하는 이유는 무엇인가? 예수님께서 가장 소중한 것을 나에게 주셨음을 알고, 하나님 앞에 자유함과 즐거움을 달라고 구하라.

③ 공동체의 나눔 목록을 만들어, 실천 여부를 체크한 다음에 하나님께서 어떻게 이루어 가시는지 믿음의 모험을 떠나 보라.

그런즉 왕이여 내가 아뢰는 것을 받으시고

공의를 행함으로 죄를 사하고

가난한 자를 긍휼히 여김으로 죄악을 사하소서

그리하시면 왕의 평안함이

혹시 장구하리이다 하니라

다니엘 4장 27절

【 적용송 】

사랑의 나눔 있는 곳에

DAY 14

#침묵

원망하지 마라,
침묵하며 기도하라

—HOLY
——— HABIT
—MOVEMENT

【 **A**pproach | 도입 】

침묵하며 인내하는 지혜

"나는 백인이 지배하는 사회에 맞서 싸웠고, 흑인이 지배하는 사회에도 반대해 싸웠다. 모든 사람이 함께 조화롭고 평등한 기회를 가지며, 민주적이고 자유로운 사회에서 살아가는 이상을 품고 있다. 필요하다면 그런 이상을 위해 나는 기꺼이 죽을 준비가 돼 있다." 1964년 내란 혐의 재판 최후 진술 중

1964년 한 남자가 법정에서 종신형 판결을 받았다. 죄수 번호 46664의 죄명은 국가전복 반역죄였다. 남아프리카공화국 인종차별 정책이었던 '아파르트헤이트'Apartheid에 반대했다는 이유였다. 불합리한 처사였지만 남아공 최초의 흑인 변호사였던 그는 법을 따를 수밖에 없었다. 그가 수감된 곳은 탈출이 불가하고, 경비가 삼엄하기로 소문난 로벤섬이었다. 낮에는 채석장에서 노

동해야 했고, 면회는 1년에 단 한 명만 허락되었으며, 감옥에서는 소등도 불가했다.

하지만 그는 굴복하지 않았다. 그는 모든 사람이 평등하고, 자유하며, 함께 행복해야 한다는 이상향을 그리고 있었다. 그는 수감된 지 27년이 지난 1990년, 71세의 나이에 극적으로 석방되었다. 인종 차별과 탄압에 맞서 비폭력 운동을 이끌었고, 분노와 보복이 아닌 용서와 화해를 통해 평화의 길을 열어 갔다. 그리고 마침내 1993년 노벨평화상 수상을, 1994년에는 최초로 다인종이 참여한 국민 선거에서 남아공 대통령으로 선출되었다. 눈치챘겠지만 모두가 알고 있는 넬슨 만델라Nelson Mandela의 이야기다.

넬슨 만델라는 백인의 탄압으로 흑인들이 억압당하고, 무고하게 숨지는 시대의 아픔을 목도했다. 그러나 그는 무기를 들지도, 대중을 선동하지도 않았다. 대화의 장을 마련하고, 관용을 베풀었다. 이는 많은 사람의 절대적 지지를 이끌어 냈고, 다른 국가들로부터 신뢰를 얻어 냈다. 도무지 감당하기 어려운 원망스러운 상황이었지만, 그는 입술을 지키며 인내하고 가장 지혜롭고 선한 방법으로 일할 수 있는 때를 기다린 것이다.

【 **B**ible | 말씀 】

"다니엘은 마음이 민첩하여 총리들과 고관들 위에 뛰어나므로 왕이 그를 세워 전국을 다스리게 하고자 한지라 이에 총리들과 고관들이 국사에 대하여 다니엘을 고발할 근거를 찾고자 하였으나 아무 근거, 아무 허물도 찾지 못하였으니 이는 그가 충성되어 아무 그릇됨도 없고 아무 허물도 없음이었더라 그들이 이르되 이 다니엘은 그 하나님의 율법에서 근거를 찾지 못하면 그를 고발할 수 없으리라 하고"
_단 6:3-5

"다니엘이 이 조서에 왕의 도장이 찍힌 것을 알고도 자기 집에 돌아가서는 윗방에 올라가 예루살렘으로 향한 창문을 열고 전에 하던 대로 하루 세 번씩 무릎을 꿇고 기도하며 그의 하나님께 감사하였더라"
_단 6:10

다니엘은 누구보다 마음이 민첩한 사람이었다. 그는 모든 일에 있어서 가장 지혜로운 자로, 왕에게 큰 신임을 얻었다. 당시 고관들은 나라의 안전과 공물 징수를 책임지던 지방 관리이고, 총리는 고관들의 직무를 감독하며 공물이 왕의 곳간에 사고 없이 도착하게 하는 역할을 하고 있었다. 다니엘은 세 총리 중 한 사람이었다. 다리오왕은 누구보다 자신의 역할을 탁월하게 수행했던 다니엘을 전국을 다스리는 자리에 세우고자 했다.

다니엘이 다리오왕에게 크게 신임받자 다른 총리들과 고관들은 여러 이유로 다니엘이 공직에서 사라지길 바랐다. 또한 그들이 다니엘을 죽이려는 모습에서 추측하건대, 아마도 부패한 권력으로 부정하게 재산을 축적하고 있었을지도 모른다. 다니엘의 정직함은 그들의 재산 축적에 걸림돌이 되었을 수도 있다. 어떤 이유에서든 다니엘은 지금 정치적 정적으로 내몰려 다니엘을 겨냥한 왕의 금령이 내려진 상황인 것이다.

금령의 내용이 무엇인가? 왕 외에 다른 존재에게 절하면 사자 굴에 집어넣는다는 것이다. 총리들과 고관들은 다니엘이 하루 세 번 여호와 하나님께 기도드리는 것을 알고 있었다. 그들은 다니엘의 신실함을 역이용하여 사자 굴에 집어넣을 방법을 찾아냈다.

다니엘은 전국을 다스리는 자였다. 그러니 금령의 내용을 모르진 않았을 것이다. 금령을 만든 그들의 동기 역시 모르지 않았을 것이다. 다니엘은 누구보다 민첩한 사람이었다. 그렇기에 법령이 만들어진 의도를 누구보다 정확히 알고 있었을 것이다. 그러한 위치에서 다니엘은 누구에게도 원망하지 않았다. 또한 자신의 정치적, 행정적 능력으로 일을 해결하려고도 하지 않았다. 다니엘은 늘 하던 대로 하루 세 번 예루살렘을 향해 창문을 열고, 하나님께 기도를 드렸다.

【 **C**hallenge point | 도전 】

억울한 상황에서 원망하지 말고 입술을 지키라

다니엘은 바벨론에서 누구보다 뛰어난 능력을 가지고 있었다. 그의 능력은 총리와 모든 고관보다 뛰어나 왕의 인정과 총애를 한 몸에 받았다. 따라서 그들로서는 다니엘의 권력이 더욱 커질 것에 대한 두려움이 있었다. 다니엘이 자신들과 다른 유대 민족 포로 출신이라는 것은 질투심을 유발시켰을 것이고, 그를 해하려는 음모의 근거가 되었을 것이다. 그들은 다니엘에게서 책잡을 만한 것이 있는지 면밀하게 조사했다. 그러나 어떤 증거도 나오지 않았다. 그러자 다니엘이 하나님의 말씀대로 사는 자임을 알고, 왕이 아닌 다른 신에게 기도하면 사자 굴에 던져 넣는 금령을 만들도록 했다.

다니엘은 단지 성실히 살았을 뿐이고, 최선을 다해 바벨론을 섬겼을 뿐이다. 그런데 총리와 관리들의 음모로 억울한 상황에 처하게 되었다. 다니엘이 이런 금령의 부당함과 금령을 주장하는 자들의 의도를 몰랐을 리 없다. 그는 왕에게 총애를 받는 사람이었기 때문에 왕에게 직접 찾아가 상황을 설명할 수도 있었다. 총리와 관리들에게 자신을 음해하지 말 것을 촉구하고, 그들에게 경고할 수 있었다. 그러나 다니엘은 어떤 말도 하지 않았다. 누군가를 찾아가 억울함을 호소하지도 않았다. 목숨을 잃을 수도 있는 상황에서 다니엘은 어떤 말도 하지 않고, 침묵을 유지했다.

다니엘은 하나님의 말씀을 지키며 신실하게 살았다. 어릴 때부터 뜻을 정하여 하나님의 율법을 신실하게 지켰다. 그런 다니엘에게 이런 억울한 일이 생기게 된 것이다. 사람들에게 하소연하지 않아도 왜 이런 일이 생긴 것인지 하나님께는 항변할 수 있었다. 그러나 다니엘은 억울한 상황에 놓였을 때에도 자신의 입술을 지켜 하나님을 원망하는 죄를 범하지 않았다.

하나님을 열심히 섬기고, 헌신하는 사람일수록 고난을 만났을 때 하나님께 서운할 수 있다. 인생 중에 이해되지 않는 고통과 어려움이 찾아올 때 하나님의 뜻을 이해하기가 어렵다. 그럴 때 하나님을 원망하기 쉽다. 그러나 그럴 때마다 다니엘서를 묵상하며 도전받아야 한다. 인생이 내가 원하는 방향대로 흘러가지 않더라도 하나님을 원망하지 않고, 하나님의 크신 뜻이 있음을 인정해야 한다. 하나님의 은혜를 뜨겁게 누리는 첫걸음은 기도의 자리에서부터 순종하는 것이다. 억울한 상황에서도 원망하는 마음으로부터 입술을 지켜야 한다.

침묵하며 기도하라

하나님의 뜻이 이해되지 않는 상황에 직면해 있는가? 그렇다면 다니엘처럼 입술을 지키고, 침묵하며 기도해야 한다. 우리 역시 마찬가지다. 왜 침묵해야 하는가? 하나님의 뜻을 이해하지 못하는 상황 속에서 우리가 침묵해야 하는 이유는 무엇인가?

첫째, 우리는 창조주 하나님의 뜻을 다 헤아릴 수 없는 피조물이기 때문이다. 하나님은 우리의 창조주시고, 우리는 피조물이다. 하나님과 우리는 어깨동무를 할 수 있는 사이가 아니다. 우리는 창조주 하나님의 뜻을 결코 다 알 수 없는 연약한 피조물에 불과하다.

"깊도다 하나님의 지혜와 지식의 풍성함이여, 그의 판단은 헤아리지 못할 것이며 그의 길은 찾지 못할 것이로다"_롬 11:33

성경이 말하는 겸손은 하나님과 우리의 정체성, 즉 창조주와 피조물의 격차를 인정하는 것이다. 우리는 하나님을 경외하고, 그분을 두려워하며 겸손해야 한다. 겸손한 자는 환난의 때에 하나님을 원망하지 않는다. 서운해하지도 않는다. 고난 중에도 하나님을 신뢰하며 그분에게 모든 것을 맡기는 믿음을 보인다.

고난은 우리를 겸손하게 하지만, 때로는 교만하게도 한다. 우리는 고난 가운데 창조주와 피조물의 격차를 시험받게 된다. 시험에 실패하는 자는 고난 속에서 하나님을 오해하고, 하나님의 뜻을 다 알아야 한다고 생각하는 교만한 마음을 가지게 된다. 그러나 그 시험을 통과하는 자는 고난 중에도 창조주와 피조물과의 격차를 겸손히 인정한다. 하나님이 시험을 주신 뜻과 이유를 이해하지 못하더라도 온전히 따르고 순종한다. 하나님을 향해 진정한 신뢰와 믿음을 보일 수 있는 것이다.

둘째, 침묵해야 하나님께 순종하기 좋기 때문이다. 이스라엘 백성이 여리고성을 점령할 때 하나님이 여호수아를 통해 이스라엘 백성에게 명령하신 것은 다름 아닌 '침묵'이었다.

"여호수아가 백성에게 명령하여 이르되 너희는 외치지 말며 너희 음성을 들리게 하지 말며 너희 입에서 아무 말도 내지 말라 그리하다가 내가 너희에게 명령하여 외치라 하는 날에 외칠지니라 하고"
_수 6:10

큰 성 여리고를 점령할 때 하나님은 이스라엘 백성이 6일 동안 여섯 바퀴를 돌고, 7일에는 일곱 바퀴를 돌아 총 열세 바퀴를 돌라는 명령을 주셨다. 큰 군대와의 전투에서 이런 전략을 들고 가는 군대는 어디에도 없을 것이다. 인간의 지혜로는 이해할 수 없는 전략이다.

하나님은 이스라엘 백성에게 침묵하라는 이해할 수 없는 명령을 주셨다. 만일 백성이 침묵하지 않고 입을 열었다면 어떤 상황이 벌어졌을까? 하나님의 전략을 이해할 수 없다고 불평했을 것이다. 불평에는 전염성이 있기 때문에 이스라엘 전체에 번졌을 것이다. 사람들은 대열을 이탈하기 시작했을 것이고, 하나님께 순종하지 못했을 것이다. 그리하여 전쟁에서 패배했을 것이다.

우리는 억울한 상황이나 이해할 수 없는 환난 중에도 입술을 지키며 침묵해야 한다. 하나님의 뜻을 온전히 신뢰하면서 다니엘이 그러한 것처럼 기도의 자리를 지켜야 한다. 하나님께 서운한 마음이 생겨나고, 원망의 목소리가 나오려고 한다면 그 입술을 꼭 다물고 바로 하나님 앞으로 가야 한다. 무릎으로 나아가며 하나님을 신뢰한다고 고백해야 한다. 하나님은 신실하시며 실수가 없으신 분이라는 고백으로 주님을 찬양해야 한다. 그럴 때 우리 인생의 여리고가 무너질 것이며, 사자들의 입이 닫힐 것이다. 하나님의 영광을 세상이 보는 역전의 은혜가 반드시 펼쳐질 것이다.

【 Determination ｜ 결심 】

넬슨 만델라뿐만 아니다. 우리가 잘 알고 있는 성경의 요셉이야말로 원망하지 않고, 기도하며 하나님의 때를 기다려 일한 인물이다. 그가 걸어온 삶의 여정을 보라. 그의 어머니 라헬은 동생 베냐민을 낳다 죽었다. 요셉은 형들에 의해 구덩이에 던져지고, 애굽 상인들에게 팔려 갔다. 게다가 시위대장 보디발의 아내를 탐

했다는 누명도 쓰지 않았는가. 그의 인생은 하나님을 원망할 수밖에 없는 여정의 연속이다. 그럼에도 그는 하나님 앞에서 입술을 지켰다. 마음과 생각을 지켰다.

요셉이 하나님을 원망하지 않은 비결이 무엇인가? 그가 잠잠히 기도하며 주님을 신뢰한 이유가 무엇인가? 결말을 알았기 때문이다. 요셉은 아브라함과 이삭과 야곱의 하나님께서 나의 인생 전체에서 함께하심을, 우리 민족 가운데 은혜를 주심을 믿고 있었다. 절대 포기하지 않으시며, 구원 역사를 반드시 이루시는 하나님을 알고 있었다.

> "당신들이 나를 이 곳에 팔았다고 해서 근심하지 마소서 한탄하지 마소서 하나님이 생명을 구원하시려고 나를 당신들보다 먼저 보내셨나이다"_창 45:5

우리 인생도 마찬가지다. 골이 깊어 보이는 순간이 바로 하나님이 일하시는 최선의 타이밍이다. 말씀이 역사할 때, 기도의 능력을 경험할 때가 바로 이때다. 하나님을 신뢰하며, 주님만 의지할 때, 그래서 역전의 은혜를 누릴 때가 바로 이때다! 그러니 인생의 원망이 폭풍처럼 밀려들 때 침묵하며 기도하라. 하나님이 일하시며 가장 신실하게 인도하시기를 간구하라. 우리의 생각을 뛰어넘는 기적은 바로 순종의 발걸음에서 시작한다.

나의 억울함을 역전의 은혜로 바꾸시는 하나님을 기대하라.

우리 인생은 이제부터가 시작이다. 원망하면 모든 게 무너지지만, 침묵하고 기도하면 강한 성이신 나의 주님께서 지키시고 보호하실 것이다!

【 **E**xercise-guide | 훈련 】

① 원망하지 않는 습관을 길러라. 서운하거나 속상한 일들을 적어 보고, 기도하라. 일주일 후 나의 감정과 상황이 어떻게 변해 있는지 다시 적어 보라.

② 침묵에 관한 성경 말씀을 찾아보라. 모든 사실을 말하기보다 때론 침묵이 영적 습관에 좋은 이유가 무엇인지 나누어 보라.

③ 소그룹원들과 기도 제목을 나누고 모두의 기도가 하나님의 뜻에 합당한 기도이기를 기도하며 중보하는 시간을 가져 보라.

다니엘 프로젝트

다니엘은 마음이 민첩하여
총리들과 고관들 위에 뛰어나므로
왕이 그를 세워 전국을 다스리게 하고자 한지라
다니엘 6장 3절

【 적용송 】

왜 나만 겪는 고난이냐고

나의 하나님이 이미 그의 천사를 보내어
사자들의 입을 봉하셨으므로
사자들이 나를 상해하지 못하였사오니
이는 나의 무죄함이 그 앞에 명백함이오며
또 왕이여 나는 왕에게도
해를 끼치지 아니하였나이다 하니라

【 단 6:22 】

PART 3

간증의
주인공이 되라

종말을 준비하며
지혜를 구하라

HOLY

HABIT

MOVEMENT

【 **A**pproach | 도입 】

시간의 청지기

'죽음'은 사람을 숙연하게 만든다. 죽음은 사랑하는 사람과의 단절로 인한 두려움과 슬픔으로 인식된다. 그래서일까? 장례식에 대한 기억을 떠올린다면 대부분 웃음보다는 슬픔일 것이다. 그만큼 죽음은 두려운 존재이고, 생각하고 싶지 않은 대상이다. 그러나 한편으로, 우리는 죽음이라는 단어를 너무 쉽게 사용한다. "힘들어 죽겠네", "너 때문에 죽겠어"와 같이 불평을 쏟거나 어려움을 토로할 때 '죽겠다'라는 표현을 흔히 쓴다.

물론, 여기서 말하는 '죽겠다'가 실제 죽음을 뜻하진 않는다. '죽을 것처럼' 또는 '죽을 만큼' 힘들고 고통스럽다는 것을 강조하는 표현이다. 재밌게도 이 표현은 영어로도 'be killing me'이다. "This headache is killing me"두통 때문에 죽겠어, "This jet lag is killing me"시차 때문에 죽겠어와 같이 문화를 막론하고 일상에서 자주 사용되는 표현이다. 그만큼 죽음은 가깝고도 먼 존재이다. 사람들은 죽음이라는 단어를 쉽고 경솔히 사용하면서도, 정작 죽음이 닥쳐오면 침묵하고 두려워한다.

잠시 눈을 감고 나의 죽음을 머릿속에 그려 보라. 나의 죽음은 어떤 모습일까? 사랑하는 사람들에게 둘러싸여 잠들 듯이 조용히 맞이하는 죽음일지, 일상 속에서 급작스럽게 맞이하는 죽음일지…. 우리가 생각할 수 있는 죽음의 가짓수는 무궁무진하다. 하지만 대체로 기분 좋지 않은 생각일 것이다.

세상의 수많은 종교가 각자의 방식으로 죽음을 준비한다. 유서를 작성해 보기도 하고, 관 속에 들어가 보기도 한다. 이러한 경험은 삶의 덧없음을 깨닫게 만든다. 내가 지금 아등바등하며 사는 삶이 과연 옳은지 돌아보게 한다. 그러나 성도의 죽음은 다르다. 성도가 죽음을 묵상하는 것은 인생의 덧없음을 깨닫기 위해서가 아니다. 우리는 이 세상의 삶이 절대 영원하지 않음을 깨달음으로써, 하나님의 청지기로서 어떻게 살아야 할지 사명을 되새기기 위해 죽음을 묵상한다. 하나님의 착하고 충성된 종으로서, 보냄을 받은 하나님의 대사로서 그 역할을 잘 감당하고 있는지 돌아보기 위함이다.

성도에게 '죽음'은 두려움의 대상이 아니다. 죽음이 끝이 아니기 때문이다. 성도의 삶은 이 땅이 끝이 아니기에 이후를 준비해야 한다. 이 땅에서의 시간이 영원할 것이라 착각해선 안 된다. 주인이 청지기에게 소유를 맡겼다 해서 그 물질이 청지기의 것은 아니다. 하나님이 우리에게 허락하신 시간도 절대 영원하지 않다. 모든 성도는 '시간의 청지기'이다. 하나님이 이 땅에서 맡기신 물질뿐만 아니라 시간 역시 잘 관리해야 한다.

시간의 유한함을 깨달을 때, 하나님이 주신 '오늘'을 더 값지게 사용하고, 하나님의 청지기로서 맡겨진 삶을 합당하게 살아갈 수 있다.

【 Bible | 말씀 】

"너는 가서 마지막을 기다리라 이는 네가 평안히 쉬다가 끝날에는 네 몫을 누릴 것임이라"_단 12:13

다니엘서의 끝은 '마지막 날'에 대한 환상을 담고 있다. 하나님은 다니엘에게 종말의 때에 관한 환상을 보여 주셨다. 이 환상에는 역사의 종말이 예언돼 있다.

다니엘서의 종말은 두 가지 의미를 내포하는데, 좁은 의미와 넓은 의미로 구분할 수 있다. 먼저, 좁은 의미의 종말이란 영원할 것 같았던 바사 제국도 결국 왕국의 분열과 다툼으로 인해 끝을 맞이하게 된다는 것이다. 그 거대한 바사 제국도 역사의 흔적으로 사라질 것임을 알려 준다. 그리고 넓은 의미에서 종말은, 하나님의 백성이 얻게 될 최후의 승리를 나타낸다. 이 땅의 모든 역사가 끝나고 하나님 나라가 도래할 그 최후의 때를 보여 준다.

"내가 듣고도 깨닫지 못한지라 내가 이르되 내 주여 이 모든 일의 결국이 어떠하겠나이까 하니"_단 12:8

마지막 날의 환상을 본 다니엘은 어떻게 반응했을까? 다니엘은 하나님께 질문했다. 다니엘은 역사의 마지막을 보았지만, 그것이 무슨 뜻인지 정확히 깨닫진 못했다. 그래서 하나님께 이 일이 어떻게 될 것인지 알려 주시길 요청한다. 그런데 놀랍게도, 하나님은 답변해 주시지 않는다. 오히려 이 말씀을 잘 간수하고 봉하라고 명하신다. 다만, 정해진 기간까지 연단의 시간이 지속될 것이며, 성도는 정해진 환난의 때를 잘 견뎌야 한다고 가르쳐 주신다.

다니엘은 완전한 대답을 듣지 못한다. 종말의 때에 일어날 일들을 상세하게 깨닫지 못했다. 그러나 다니엘은 그날을 소망했다. 하나님이 약속하신 마지막 때가 반드시 있음을 기억하며, 그날을 기대하며 살았다.

성도는 마지막 때를 기다리는 자이다. 삶이 무한하지 않음을 깨닫고, 영원한 하나님 나라를 소망하는 자이다. 끝이 있음을 알기에, 오늘 내게 주신 사명에 집중할 수 있다. 하나님의 뜻대로 살아 낸 성도에게는 이 땅에서 당한 환난과는 비교조차 할 수 없는 놀라운 영광과 복이 약속돼 있다.

【 Challenge point | 도전 】

끝이 있음을 기억하라

"내가 들은즉 그 세마포 옷을 입고 강물 위쪽에 있는 자가 자기의 좌
우 손을 들어 하늘을 향하여 영원히 살아 계시는 이를 가리켜 맹세하
여 이르되 반드시 한 때 두 때 반 때를 지나서 성도의 권세가 다 깨지
기까지이니 그렇게 되면 이 모든 일이 다 끝나리라 하더라"_단 12:7

다니엘은 묵시를 통해 종말의 시대에 성도가 당하게 될 환
난을 보게 된다. 다니엘의 환상 속에 강 이쪽과 저쪽에 두 사람
이 서 있었다. 그중 한 사람이 '이 놀라운 일의 끝이 어느 때까지
인가?'라고 묻는다. 그러자 세마포 옷을 입은 자가 '반드시 한 때,
두 때, 반 때를 지나 성도의 권세가 다 깨지기까지'라고 말한다.
그리고 그렇게 되면 이 모든 일이 다 끝날 것이라고 대답한다. 여
기서 세마포 옷을 입고 대답하신 분은 성자 예수님이시다. 예수
님께서는 반드시 환난에 끝이 있다고 약속해 주셨다. 그렇다. 모
든 일에는 끝이 있다. 환난도 세상도 끝나는 때가 있다.

주목할 점은, '성도의 권세가 다 깨지기까지'라는 부분이다.
성도의 권세가 깨졌다는 것은, 그만큼 악이 득세함을 의미한다.
종말의 때가 다가오면 세상은 악인이 득세하지만, 성도는 환난을
겪게 된다. 악인이 승리하고 형통해 보이지만, 그것은 잠시일 뿐

이다. 승리한 줄 알았던 악은 곧 절망에 빠질 것이다. 그리고 슬픔의 눈물을 흘리던 의인들은 영원한 승리와 기쁨을 경험하게 될 것이다. 하나님은 역전의 하나님이시다.

모든 일에는 끝이 있다. 우리가 눈으로 보는 세상의 부당함도 결국 끝이 있다. 형통한 악인의 모습을 바라보면서, 나의 고난에 주목하면서 실망하거나 좌절해선 안 된다. 그것은 결코 성도의 자세가 아니다. 세상의 부조리에 환멸을 느끼고 있는가? 악인의 형통을 보며 하나님이 침묵하신다고 착각하며 원망하고 있진 않은가? 지금 우리는 각자에게 주어진 '한 때와 반 때와 두 때'를 지나는 중이다. 성도의 권세가 다 깨어지기까지 고난받을 수 있다. 그러나 하나님의 약속은 끝을 향해 신실하게 진행되는 중이다.

악인의 형통을 부러워하지 말라! 그들의 끝은 심판과 종말뿐이다. 도리어 그들을 긍휼히 여기고, 임박한 심판을 들려 주라! 성도의 고통은 영원하지 않다. 고통에는 끝이 있다. 이 시간이 지나면, 영원한 기쁨을 노래하게 될 것이다.

현재의 사명에 충실하라

"많은 사람이 연단을 받아 스스로 정결하게 하며 희게 할 것이나 악한 사람은 악을 행하리니 악한 자는 아무것도 깨닫지 못하되 오직 지혜 있는 자는 깨달으리라"_단 12:10

다니엘은 묵시를 보고 들었지만 깨닫지 못했다. 그래서 '모든 일의 결국'이 어떠한지 하나님께 다시 물었다. 그러나 인자는 이 말을 마지막 때까지 간수하고 봉하라고 명하신다. 다니엘도 다 알지 못했다. 하나님의 말씀이 봉해졌고, 감추어졌다. 그러나 마지막 때에 나타날 두 부류의 사람을 우리에게 알려 준다. 하나는 '연단을 받아 스스로 정결하게 하는' 사람들이다. 이들은 연단을 통해 자신을 깨끗하게 한다. 그러나 다른 하나는 '악한 사람들'인데, 이들은 여전히 악을 행한다. 죄의 본능과 악의 욕망을 따라 살아간다.

두 부류의 차이는 무엇일까? 왜 두 집단은 서로 다른 방향으로 나아갈까? 그 차이는 '깨달음'에 있다. 악한 자는 시험을 받아도 아무것도 깨닫지 못한다. 악인은 하나님의 존재와 심판이 있음을 깨닫지 못한다. 그러나 지혜 있는 자는 연단을 받을 때 하나님의 뜻을 깨닫는다. 하나님이 내게 원하시는 것이 무엇인지 깨닫고, 자신을 거룩하고 정결하게 한다.

우리 역시 마찬가지다. 지금 이 시간, 우리는 하나님의 뜻을 깨닫고 스스로를 정결하게 해야 한다. 성도는 종말을 준비하기 위해, 오늘 내게 주어진 하루를 살아 내야 한다. 하나님이 내게 맡기신 사명을 지금 감당해야 한다. 종말은 '준비하는 것'이다. 성도는 승리의 날을 준비해야 한다. 오늘 겪게 될 크고 작은 연단에서 하나님의 뜻을 발견하고 사명대로 살아 내야 한다.

나는 오늘 하나님의 뜻을 깨닫고 있는가? 혹시 하나님을 인식하지 못한 채 악을 행하고 있진 않은가? 세상의 마지막 때가 언제인지, 삶의 끝이 언제인지 우리는 알 수 없다. 그때는 하나님께서 우리에게 감추셨다. 그러나 우리가 알 수 있는 것은 반드시 끝이 존재한다는 사실이다. 그것만큼은 하나님께서 우리에게 명확하게 말씀해 주셨다. 하나님의 살아 계심을 믿는다면, 지금 하나님께 집중하라. 오늘 하루 하나님이 내게 맡기신 사명을 깨달으라! 지금, 이 순간 스스로 정결하게 하는 자가 종말을 준비하는 자이다.

소망으로 기다리라

"기다려서 천삼백삼십오 일까지 이르는 그 사람은 복이 있으리라 너는 가서 마지막을 기다리라 이는 네가 평안히 쉬다가 끝날에는 네 몫을 누릴 것임이라"_단 12:12-13

하나님은 '기다림의 끝'이 복이라고 말씀하신다. 성도는 복을 이루기 위해 기다리는 자이다. 하나님은 다니엘에게 마지막을 기다리라고 명령하셨고, 다니엘은 하나님의 명령대로 기다렸다. '하나님의 예언이 성취될 그날'을 기다렸다. 다니엘의 기다림은 결코 막연한 기다림이 아니었다. 하나님의 약속을 바탕으로 한 분명하고 확고한 기다림이었다.

성도에게는 하나님이 주신 약속이 있다. 성도는 그 약속을 믿고 붙잡고 기다리는 존재이다. 우리 믿음의 근거는 하나님의 말씀이다. 그 말씀을 믿는 자만이 하나님을 소망할 수 있다.

> "시험을 참는 자는 복이 있나니 이는 시련을 견디어 낸 자가 주께서 자기를 사랑하는 자들에게 약속하신 생명의 면류관을 얻을 것이기 때문이라"_약 1:12

다니엘의 기다림은 소망으로 가득하다. 평안히 쉬다가 끝 날에는 주어진 몫을 누리게 될 것이라는 약속 때문이었다. 성도에게는 하나님이 약속하신 보상이 있다. 시험을 이겨 낸 자에게는 생명의 면류관이 약속되어 있다.

내게도 이러한 소망이 있는가? 끝을 향한 갈망이 있는가? 그 날에 받을 평안과 면류관을 바라보고 있는가? 하나님의 약속은 반드시 성취된다. 이 세상도, 우리의 인생도 반드시 끝 날이 있다. 하나님의 약속을 사모하는 자만이 이 믿음의 경주에서 탈락하지 않는다.

세상은 우리를 현재에 집중하게 만든다. 불확실한 미래보다 지금이 더 중요하다고 말한다. 심지어 죽음 이후에는 아무것도 없다고까지 말하며, 이생의 자랑에 주목하라고 유혹한다. 오늘을 즐기고, 오늘을 누리라고 말한다. 그러나 이는 성경 말씀과 정면으로 배치된다. 하나님은 거룩한 기다림을 명하셨다. 이 기다림에는 끝이 있고, 복이 약속돼 있다.

하나님의 약속을 기대하라! 나의 소망을 이 땅이 아닌, 하나님께 두라! 소망이 없는 자는 믿음의 경주를 끝까지 달리지 못한다. 하나님을 의지하라! 그분의 말씀을 마음에 새기라! 나의 소망은 오직 하나님께 있다.

【 **D**etermination ㅣ 결심 】

다니엘은 나라가 바뀌고, 정권이 여러 번 바뀌는 중에도 왕의 궁전에 머물렀다. 그는 권력의 중심이요, 세상의 중심인 왕궁에서 평생을 살았다. 그러나 그의 소망은 세상의 영광에 있지 않았다. 다니엘은 유한한 세상이 아닌, 영원한 하나님 나라를 바라보며 살았다. 그가 바란 것 역시 이 땅에서의 영화가 아니라, 하나님이 약속해 주신 마지막 날 받게 될 영원한 복이었다.

다니엘은 하나님의 약속을 붙들고 살았다. 끝까지 하나님의 자녀로서 사는 것을 포기하지 않았다. 이 땅에서 주어진 시간을 허투루 보내지 않고, 하나님이 맡기신 사명을 감당하며 살았다.

지혜 있는 자는 이 땅이 영원하지 않다는 것을 깨닫는 자이다. 영원한 것은 오직 하나님 한 분 외에는 없다. 우리의 삶도 절대 영원하지 않다. 성도는 자신의 유한함을 깨달아야 한다. 내 삶이 영원하지 않음을 깨달을 때 우리는 비로소 하나님의 뜻대로 살아갈 수 있다. 하나님이 허락하신 이 땅에서의 시간을 낭비하지 않기 때문이다.

내게 주어진 시간은 나의 것이 아니다. 하나님께서 내게 맡기신 시간이다. 모든 그리스도인은 시간의 청지기로, 하나님이 주신 시간을 사용하는 중이다. 하나님이 내게 주신 시간을 낭비하지 말라! 설령 하나님의 뜻대로 살다가 고난을 당하더라도 낙심하지 말라! 고난을 통해 자신을 정결하게 다듬으라!

하나님은 이 땅의 모든 고난과 시험이 영원하지 않다고 알려주신다. 나의 시선을 땅의 것에 매이게 만드는 사탄의 속임에 넘어가지 말라! 성도에게 마지막 날은 슬픔이 아니다. 성도에게 끝은 하나님의 약속이며, 소망이며, 최고의 복이다. 나의 유한함을 깨닫고, 하나님의 무한하심을 찬양하라! 내게 허락된 믿음의 경주를 끝까지 완주하라!

【 **E**xercise-guide ∣ 훈련 】

❶ 내 인생의 여정이 끝나 하나님을 만났을 때, 어떤 칭찬을 듣고
싶은지 적어 보라.

❷ 하나님께 칭찬받기 위해 지금 내가 해야 할 일은 무엇인가? 구
체적으로 적어 보고, 작은 것부터 실천해 보라.

❸ 시간의 일부를 하나님을 위해 떼어 놓으라. 그리고 어떻게 실
천할지 공동체와 함께 작정해 보라.

시험을 참는 자는 복이 있나니
이는 시련을 견디어 낸 자가
주께서 자기를 사랑하는 자들에게 약속하신
생명의 면류관을 얻을 것이기 때문이라
야고보서 1장 12절

【 적용송 】

세상 흔들리고

DAY 16

#겸손

겸손에
겸손을 더하라

HOLY

HABIT

MOVEMENT

【 **Approach** | 도입 】

동경과 경이로움

어린 시절 누구나 밤하늘을 바라보며 별을 센 적이 있을 것이다. 고개를 젖혀 어두운 밤하늘에 반짝이는 별들을 바라보면 무한한 우주에 대한 동경과 경이로움이 들곤 한다. 그리고 누구나 한 번쯤 생각해 봤던 질문이 있을 것이다. 과연 우주의 크기는 얼마나 될까?

인류가 관측 가능한 우주의 직경은 대략 28.5Gpc기가파섹, 930억 광년 또는 8.8×10^{26}m이라고 한다. 언뜻 잘 상상이 되지 않는 수치다. 빛보다 빠른 속도로 팽창하는 게 우주의 속도인데, 우주의 끝을 과연 한낱 피조물인 인간이 알 수 있을까?

인간의 생각을 아득히 뛰어넘는 우주를 생각하면 자연히 존재에 대해 생각하게 된다. 그리고 세상을 창조하신 하나님의 위엄 앞에 절로 겸손해진다. 하나님께서는 우리를 사랑하사 세상을 창조하시고, 우리를 만드시고, 보시기에 좋았다고 말씀하셨다. 그렇게 하나님의 계획 가운데 존재하게 된 우리의 사명은 무엇일까? 겸손이다. 피조물이 창조주가 지시한 바로 그 자리에 존재하는 것이 겸손이다.

예수님은 겸손의 왕이셨다. 하나님께서 가리키신 바로 그 자리에 항상 계셨다. 가난한 자와 소외된 자가 울부짖고 있는 곳에, 은혜가 필요한 병든 자의 곁에, 제자들의 발을 씻기는 곳에, 십자가를 지고 올라가는 골고다 언덕에 예수님이 계셨다.

진리는 언제나 자기가 있어야 할 자리에 서서 자기를 돌아보게 한다. 진리의 보물을 가지고 있는 자는 겸손할 수밖에 없다. 내가 할 수 있다는 교만이 얼마나 무모하고, 허무한지 알기 때문이다. 하나님이 다 하신다는 것을 알기 때문이다.

"예수께서 그들을 보시며 이르시되 사람으로는 할 수 없으나 하나님으로서는 다 하실 수 있느니라"_마 19:26

창조와 구원의 역사, 우리 삶의 모든 역사를 하나님께서 이루어 가신다는 믿음, 그 겸손이야말로 예수를 따라가는 그리스도인의 순전한 정체성이다!

"나 왕이 말하여 이르되 이 큰 바벨론은 내가 능력과 권세로 건설하여 나의 도성으로 삼고 이것으로 내 위엄의 영광을 나타낸 것이 아니냐 하였더니 이 말이 아직도 나 왕의 입에 있을 때에 하늘에서 소리가 내려 이르되 느부갓네살 왕아 네게 말하노니 나라의 왕위가 네게서 떠났느니라"_단 4:30-31

다니엘 2장에서 하나님은 강대국들의 통치 위에 계신 유일한 권세자이심을 나타내신다. 3장에서는 느부갓네살왕이 자신의 권력을 상징하는 신상에게 절하라고 명령하는 장면이 등장한다. 다니엘의 친구들인 사드락, 메삭, 아벳느고는 느부갓네살왕의 명령에 따르지 않고 금 신상에게 절하지 않았다. 그러자 느부갓네살왕은 그들을 풀무 불에 집어넣는 교만함을 보인다. 그러나 다니엘의 친구들은 하나님의 보호하심으로 털끝 하나 상하지 않았고, 그런 광경을 지켜본 느부갓네살왕은 하나님을 높인다.

그러나 느부갓네살왕의 마음엔 여전히 교만이 사라지지 않았다. 하나님은 느부갓네살왕에게 난해한 꿈을 꾸게 하시고, 다니엘을 통해 이를 해석해 주셨다. 그 내용은 느부갓네살왕이 교만하여 장차 들짐승과 같이 지내게 된다는 것이었다. 느부갓네살왕은 이 말씀을 들을 때 잠시 겸손해지는 것 같았으나, 세월이 흐르면서 다시 교만해지고 결국 다니엘 4장 30절에서 바벨론의 건설이 오로지 자신의 힘으로 이루어졌다며, 자신에게 영광을 돌린다. 그 말이 아직 입에서 떠나기도 전에 하나님께서는 그를 심판하시고, 왕위가 그에게서 떠나게 된다. 이후 얼마간의 시간이 지나 총명이 다시 그에게로 돌아오고, 그는 하나님 앞에 겸손하게 되어 왕권을 회복하게 된다.

하나님은 다니엘 5장에서 이와는 대조적으로 교만한 벨사살 왕에게 경고하신다. 하나님은 그가 베푼 큰 잔치에서 사람의 손가락들이 나타나게 하시고, 석회벽에 글자를 나타내신다. 그 글자는 바로 '메네 메네 데겔 우바르신'으로, 하나님이 벨사살왕의 시대를 끝나게 하셨다는 뜻이었다. 벨사살은 하나님이 겸손케 낮추신 느부갓네살의 아들임에도 하나님 앞에 마음을 낮추지 않았다. 도리어 자신을 하늘의 주재보다 높이며 금, 은, 나무, 돌 등으로 만든 신상을 찬양했다. 하나님께 영광을 돌리지 않은 것에 대한 심판이 임한 것이다.

【 Challenge point | 도전 】

진리의 빛으로 영혼을 점검하라

하나님께서는 느부갓네살에게 '교만'이라는 진단을 내리셨다. 하나님은 그에게 교만에 대한 꿈을 보여 주셨다. 하늘에 닿은 나무이고 모든 사람이 먹을 만큼 많은 열매가 있는 나무였다. 하나님은 그 나무가 느부갓네살이라고 말씀하셨다. 그 나무를 베어 버리고, 그루터기만 남겨 놓겠다고 말씀하셨다. 그가 들짐승과 같이 되어 사람에게서 쫓겨나 소처럼 풀을 먹게 된다는 뜻이었다.

다니엘을 통해 이런 무섭고도 두려운 하나님의 음성을 전해 들었던 느부갓네살은 그럼에도 계속 교만한 마음을 품고 있었다. 다니엘 4장 30절을 보면, 느부갓네살은 '이 큰 바벨론은 나의 능력으로 이룬 것이며 나의 위엄과 영광을 나타낸 것이다'라고 말한다. 다니엘의 꿈 해석을 듣고 바로 회개하고 하나님께 은혜를 구했어야 했지만, 그는 열두 달이 지난 후에도 여전히 교만을 드러내고 있다.

느부갓네살은 어쩌면 하루 이틀은 고민하며 잠들지 못했을 수도 있다. 그러나 한 달이 지나고 두 달이 지나도 아무 일이 일어나지 않자 그는 그 꿈의 해석을 가볍게 여겼다. 교만한 마음이 있는 자는 하나님의 경고와 진단을 가볍게 여긴다. 하나님은 왜 느부갓네살과 같은 교만한 자에게 경고와 진단을 내려 주실까? 교만은 스스로 깨닫기 어렵다. 교만한 자는 자기를 객관적으로 볼 수 없는 상태이기 때문이다. 질병 중에 제일 무서운 질병은 아픈 줄 모르는 병이다. 중증이 될 때까지 병이 있는 줄 모르고 지내다가 갑자기 악화되어 손쓸 수 없는 병이 가장 무섭다. 교만은 스스로 통증을 느낄 수 없는 영혼의 질병이다. 제삼자의 진단과 처방 없이는 발견할 수도, 고칠 수도 없다.

교만에 빠지지 않기 위해서는 먼저 스스로 교만하다는 것을 깨달아야 한다. 그것을 깨닫기 위해서 우리의 영혼에 진리의 빛을 비추어야 한다. 자신을 객관적으로 보기 위해 말씀을 통해 영혼을 깨우고 진단해야 한다. 매일 성경 읽는 습관을 들여야 하는 이유다. 성경을 읽을 때 진리의 빛이 우리 영혼을 비추어 준다. 우리의 영혼에 빛이 비치면 그제야 우리 안에 있는 영혼의 얼룩들이 보인다. 영혼을 비춰 볼 수 있는 유일한 거울은 성경이다. 영혼의 거울인 성경 말씀을 꾸준히 읽고 묵상하여, 마음이 높아져 있지 않은지 항상 점검하라. 스스로 나를 정확히 알고 있다는 생각부터가 교만이다. 하나님의 말씀 앞에 항상 자신을 비추어 보아야 한다.

"하나님의 말씀은 살아 있고 활력이 있어 좌우에 날선 어떤 검보다도 예리하여 혼과 영과 및 관절과 골수를 찔러 쪼개기까지 하며 또 마음의 생각과 뜻을 판단하나니"_히 4:12

고난의 광야에서 교만을 치료하라

느부갓네살왕은 열두 달이 지날 무렵, 하나님의 말씀대로 들짐승과 같이 된다. 소처럼 풀을 뜯어 먹고 머리카락이 독수리처럼 자랐다. 손톱은 새 발톱과 같이 자랐다. 그는 이런 생활을 하며 '일곱 때'를 지냈다. 하나님이 정하신 '일곱 때'의 기간이 지나자 그의 총명이 다시 돌아왔다. 그는 그때 하나님이 세상의 모든 일을 결정하시고 주관하시는 주권자이심을 고백한다. 느부갓네살은 고난을 통해서 하나님의 하나님 되심과 함께 자신이 미천한 피조물에 불과함을 깨달았다. 하나님이 온 땅의 왕이시고 주권자이심을 인정하게 된 것이다.

하나님은 우리의 교만을 치료하시기 위해 광야로 인도하신다. 우리의 교만이 쌓인 만큼 하나님은 우리를 낮추신다. 하나님 없이는 살 수 없는 연약한 존재임을 알게 하신다. 하나님은 우리의 마음이 교만에서 완전히 벗어날 때까지, 그 일곱 때라는 기간이 지날 때까지 우리를 연단하신다.

우리는 고난을 통과하고 나서 하나님이 우리 삶의 주인임을 인정하게 된다. 나의 인생이 나의 것이 아닌 하나님의 것임을 인정하고, 내가 이룬 모든 성취가 하나님이 주신 것임을 인정하게 된다. 하나님께서 나의 삶을 주관하시며 모든 것을 다스리심을 인정하게 된다.

고난의 광야를 지나야 교만함이 치료되고, 산산이 조각난 자아가 하나님으로 채워진다. 주님은 우리 마음에 교만으로 얼룩진 그릇을 깨뜨리고, 정결한 그릇으로 빚으신다. 그리고 그 그릇에 다시 이전에 주셨던 각종 은사와 축복을 담아 주신다.

광야의 여정을 통과한 자들은 하나님이 주시는 축복을 잘 담아낼 수 있도록 그릇을 준비해야 한다. 그릇이 준비되어 있지 않아 하나님의 축복을 받아 내지 못하는 이들이 얼마나 많은가. 고난의 광야를 통과한 자들은 축복을 담는 그릇이 준비되어 있기에 겸손한 마음으로 그 축복을 누린다. 그리고 그 모든 영광을 삶의 유일한 주인 되시는 하나님께 돌린다. 하나님이 주신 축복을 이웃에게 흘려 보내고 세상에서 하나님의 영광을 드러내며 산다.

【 **Determination** | 결심 】

'겸손'은 영어로 'humility'이다. 이는 '흙'을 의미하는 라틴어 'humus'에서 비롯되었다. '겸손'과 '흙'에는 어떤 연관성이 있을까? 좋은 토양은 무엇이든 잘 자라나게 하는 힘이 있다. 겸손도 이와 마찬가지다. 겸손은 역설적으로 하나님의 뜻이 잘 성취되게 하는 힘을 가지고 있다. 주님의 말씀을 받아들이고, 그것을 풍성한 은혜로 키워 내게 하기 때문이다.

사실 신앙의 어느 단계에 있든, 더 높아지고 싶은 자기와의 싸움은 늘 우리의 내면을 지배한다. 다른 사람의 행함을 보면서 나라면 저렇게 하지 않고 더 잘할 수 있다고 생각한다. 예전에는 매주 은혜를 받았던 예배인데, 이제는 흠을 찾아내려 애쓴다. 나의 죄에는 둔감하지만, 남의 연약함에는 더 예민하게 반응하기도 한다.

왜 그런가? 더 돋보이고 싶고, 더 드러나고 싶고, 더 높아지고 싶고, 남보다 더 유명해지고 싶은 인간의 죄악 된 본능이 우리 모두에게 있기 때문이다. 심지어 예수님에게 최고의 신앙 수업을 직접 훈련받았던 제자들마저 이런 생각에서 벗어나지 못했다.

예수님께서 죽음과 수난에 대해서 말씀하셨음에도 불구하고, 십자가의 고난이 예수님께 점점 다가옴에도 불구하고, 그들은 여전히 자신의 입지와 자신의 지위를 우선시했다[마 20:20-21, 24]. 마치 부모의 임종 앞에서 재산을 요구하며 앞다투어 권리를 주장하는 자식들같이 그들의 행동은 너무나 철이 없었다. 그때 예수님은 제자들에게 이렇게 말씀하신다. "내가 마시려는 잔을 너희가 마실 수 있느냐?"[마 20:22]. 서로 자신의 더 높은 지위를 위해서, 서로 자신의 더 높은 명예를 위해서 싸우던 자들에게 예수님은 전혀 다른 질문을 하고 계시는 것이다.

그렇다면 주님이 말씀하신 이 잔은 무엇을 말하는가? 예수님이 마시려는 잔은 바로 십자가의 고난과 죽음을 의미한다. 예수님은 우리에게 하나님의 자녀가 되는 권세를 주시기 위해 십자가에서 고통을 당하시고, 짓밟힌 장미꽃처럼 버림받고 외면당하셨다. 우리의 내면 가운데 더 높아지고 싶은 욕구가 생길 때마다, 예수님의 질문을 기억해야만 한다. '나의 잔을 마시려느냐?', '정말 십자가를 지신 예수님처럼 하나님 나라를 위해 기꺼이 고난받고, 핍박받고, 더 낮아질 수 있느냐?'

예수님의 제자들보다 영적으로 더 깨어 있다고 자신할 수 있는가? 결코 그럴 수 없을 것이다. 그렇다면 우리는 어떻게 대답해야 할까? 깊이 있고, 진중한 예수님의 질문 앞에 온 맘 다해 고민하며, 기꺼이 반응할 수 있어야 한다. 겸손에 겸손을 더욱 더해야 한다.

【 **E**xercise-guide | 훈련 】

❶ 복음서에서 예수님의 겸손하신 모습들을 찾아보고, 묵상한 바를 나눠 보라.

❷ 겸손과 교만의 차이는 무엇인가? 겸손하여 하나님의 일하심을 경험한 때와 교만하여 하나님의 영광을 가렸던 때를 나눠 보라.

❸ 겸손은 나를 낮추는 것보다, 하나님을 높이는 것에서 시작된다. 하나님을 높이기 위해 매일 실천할 수 있는 일을 계획하고 공동체와 함께 다짐해 보라.

예수께서 그들을 보시며 이르시되

사람으로는 할 수 없으나

하나님으로서는 다 하실 수 있느니라

마태복음 19장 26절

【 적용송 】

겸손의 왕

DAY 17

#예의

거침없이 살되,
예의를 갖추라

HOLY HABIT

MOVEMENT

【 **A**pproach | 도입 】

프로불편러

'프로불편러'라는 신조어가 있다. Pro^professional^+불편^不便^+~er^~하는 사람^의 합성어로 '모든 일에 예민하게 반응하면서 부정적인 여론을 형성하는 사람'을 일컫는 말이다. 이들은 자기 생각대로 일이 진행되지 않거나, 자신의 심기를 불편하게 하는 무언가가 있을 때 불편한 감정을 적극적으로 표현한다. 사소한 일도 크게 과장하고 부풀림으로써 다른 사람들도 자신의 의견에 동참하게 만든다.

이런 현상은 비단 한국에만 나타나는 현상이 아니다. 영미권에서도 약어로 'SJW'^Social Justice Warrior^라고 불리는 사람들이 있다. 이들은 '사회적 정의의 사도'라고 불리는데, SNS 등에서 사회적 문제를 부각하고 비판함으로써 자신의 평판을 높이려는 사람을 의미한다.

포스트모더니즘 시대에 들어서면서 절대적인 이념이 거부되고, 개성·자율성·다양성을 중시하는 사회가 되었다. 남들과 다른 자신의 개성과 생각을 표현하는 것이 미덕처럼 여겨지는 시대가 되었다. 그러나 '프로불편러'라는 신조어를 통해 알 수 있듯이 서로의 다름을 당연하다 말하지만, 동시에 나와 다른 것을 불편해하고 인정하기 싫어하는 이상한 시대가 되어 버렸다.

나와 다른 생각, 다른 사고, 다른 행동을 하는 사람들에 대한 불만은 시대를 막론하고 늘 존재했다. 다만, 이전에는 이것이 주로 신세대와 구세대 간의 갈등으로 나타났다면, 오늘날은 그 범위가 확장되어 지역, 성별, 계층, 이념 등 다양한 분야로 확대되어 나타나고 있다.

나와 다를 수 있다. 아니, 다른 것이 당연하다. 하나님께서 우리를 각기 다르게 창조하셨다. 문제는 나의 옳음과 내 사고방식을 다른 사람에게 강요할 때 발생한다. 그러나 상대방이 보았을 때, 나 역시 다른 생각을 가진 사람일 뿐이다. 나의 정의定義가 반드시 정의正義일 수 없다. 이 세상의 진리는 오직 하나님의 말씀뿐이다.

진리가 아닌 자기 생각을 주장하는 것으로는 결코 세상을 아름답게 할 수 없다. 시대와 상관없이 불평하는 사람들은 늘 있었다. 그러나 세상은 조금도 나아지지 않았다. 우리의 불평을 하나님의 말씀에 대한 갈망으로 바꿔야 한다. 내 생각이 아닌, 하나님의 말씀을 올바르게 전하는 일에 집중해야 한다. 하나님의 뜻을 잘 전달할 수 있는 지혜가 우리에게 필요하다.

【 Bible | 말씀 】

"벨드사살이라 이름한 다니엘이 한동안 놀라며 마음으로 번민하는지
라 왕이 그에게 말하여 이르기를 벨드사살아 너는 이 꿈과 그 해석으
로 말미암아 번민할 것이 아니니라 벨드사살이 대답하여 이르되 내
주여 그 꿈은 왕을 미워하는 자에게 응하며 그 해석은 왕의 대적에게
응하기를 원하나이다"_단 4:19

다니엘서 4장에는 바벨론의 느부갓네살왕이 천하에 거주하
는 모든 백성과 각 나라에 보내는 조서의 내용이 담겨 있다. 이
조서에는 하나님의 영원한 나라와 통치를 찬양하는 느부갓네살
의 고백이 기록되어 있다. 그가 하나님의 위대하심을 뼈저리게
경험했기 때문이다.

느부갓네살이 바벨론의 영광에 도취되어 궁에서 평강할 때
있었던 일이다. 그는 집에 편히 머무르고 있다가 한 꿈을 꾸었는
데, 그 꿈을 꾼 이후로 번민하게 되었다. 도저히 꿈의 의미를 알
수 없었기 때문이다. 그는 즉시 꿈을 해석해 줄 사람을 찾았다. 바
벨론이 자랑하는 박수와 술객과 갈대아 술사와 점쟁이 등 온갖
지혜자가 그의 앞에 섰다. 그러나 누구도 꿈을 해석하지 못했다.

그러나 다니엘은 달랐다. '거룩한 신들의 영'과 함께한 다니엘은 느부갓네살의 꿈을 해석해 주었다. 그리고 다니엘이 해석해 준 꿈의 내용 그대로 느부갓네살에게 임했다. 그래서 느부갓네살은 "이 모든 일이 다 나 느부갓네살 왕에게 임하였느니라"라고 고백한다단 4:28. 그가 지극히 높으신 하나님을 만나게 된 것이다.

이 놀라운 만남에는 전달자가 있었다. 바로 다니엘이다. 하나님은 사람을 통해 일하신다. 하나님은 하나님의 사람과 동역하기를 기뻐하신다. 여기서 우리가 주목해야 할 것은, 하나님의 뜻을 전하는 '다니엘의 태도'이다. 다니엘은 거침없었지만, 예의가 있는 사람이었다. 당당한 용기와 따뜻한 배려의 마음을 겸비한 사람이었다. 느부갓네살에게 하나님의 말씀을 담대히 선포하되, 따뜻한 마음을 가지고 예의 바르게 전했다.

하나님은 잃어버린 영혼이 하나님의 뜻을 깨닫기 원하신다. 느부갓네살처럼 하나님을 만나고, 하나님을 기뻐하며 찬양하길 기대하신다. 오늘날도 다니엘과 같이 하나님의 뜻을 전할 수 있는 전달자가 필요하다. 하나님은 지금도 하나님의 사람을 찾고 계신다. 그렇다면, 우리는 어떤 전달자가 되어야 할까? 다니엘이 보여 준 믿음의 본을 배워야 한다.

【 **C**hallenge point | 도전 】

거침없는 용기를 가지라

"벨드사살이라 이름한 다니엘이 한동안 놀라며 마음으로 번민하는지
라"_단 4:19a

느부갓네살은 다니엘에게 자신이 꾼 꿈 이야기를 들려주었
다. 다니엘은 느부갓네살의 꿈을 듣고 놀랐다. 그리고 '번민'에 빠
졌다. 번민의 히브리 원어는 '베할'인데, 이는 '떨다', '괴롭히다'라
는 의미이다. 다니엘이 꿈에 관해 듣고 괴로워서 온몸을 부들부
들 떨었다는 것이다. 다니엘의 마음이 괴롭고 생각이 복잡했음을
알 수 있다. 꿈의 해석이 결코 좋은 내용이 아니었기 때문이다.

꿈의 내용은 '느부갓네살왕이 나라와 영광을 빼앗기고 쫓겨
나서 들짐승과 함께 먹고, 소처럼 풀을 먹는 비참한 지경에 놓이
게 된다는 것'이었다. 이 내용을 왕에게 전한다는 것은 결코 쉽지
않은 일이었다. 이에 다니엘은 놀라고 번민했다.

느부갓네살은 많은 죄를 지은 사람이었다. 그는 예루살렘을
에워싸서 무너뜨리고, 하나님의 성전 기물을 취했다단 1:1-2. 유다
의 왕족과 귀족 중 인재들을 잡아 바벨론으로 끌고 왔다단 1:3-4.
그리고 자신의 꿈을 해석하지 못하는 지혜자들을 모조리 죽이라
고 명령했다단 2:12. 자신이 세운 금 신상에 절하지 아니하는 자는

풀무 불에 던져 넣으라고 명령한 적도 있었다단 3:6. 그는 절대 권력자이자 폭군이었다. 자신의 심기를 불편하게 하는 사람은 누구든 죽이는, 사람의 생명을 파리 목숨처럼 가볍게 여기던 인물이었다. 그런 그의 마음을 불편하게 하는 것이 과연 다니엘이라고 쉬웠을까? 절대 쉽지 않았다. 이에 다니엘은 꿈의 내용을 깨닫고 놀랐으며 번민했다.

다니엘은 느부갓네살의 사람이 아닌, 하나님의 사람이었다. 그래서 다니엘은 조금도 숨기지 않고 하나님의 뜻을 담대히 느부갓네살에게 전달하기로 마음먹었다. 떨리는 마음을 추스르고, 자신의 입술을 통해 하나님이 하실 일을 신뢰하며 꿈을 해석해 주었다.

"당신은 사람들로부터 쫓겨날 것입니다. 당신은 미치광이처럼 살게 될 것입니다. 지극히 높으신 하나님의 명령이 당신에게 그대로 임할 것입니다!" 다니엘은 숨기지 않았다. 하나님의 말씀을 가감하지 않았다. 다니엘은 단호했다. 용기를 내어 하나님의 뜻을 전달했다.

중요한 것은 다니엘이 보여 준 용기다. 다니엘의 용기는 하나님의 뜻을 해석하는 일에 있었다. 그 대상이 왕이든, 초강대국을 다스리는 통치자이든 상관없었다. 말씀을 듣는 대상보다 말씀을 주신 하나님이 더 중요했던 것이다. 다니엘은 하나님의 뜻을 분명히 드러내고자 용기를 냈다.

"내가 네게 명한 것이 아니냐 강하고 담대하라 두려워하지 말며 놀라지 말라 네가 어디로 가든지 네 하나님 여호와가 너와 함께 하느니라 하시니라"_수 1:9

하나님은 하나님의 사람을 부르실 때 용기를 가지라고 명하신다. 용기가 없이는 하나님의 뜻을 전할 수 없기 때문이다. 하나님은 모세에 이어 새로운 지도자로 세워진 여호수아에게도 용기를 가지라고 명령하셨다.

당신에게 이런 용기가 있는가? 나의 감정과 불만을 표출하는 용기가 아닌, 하나님의 뜻을 전달할 용기가 있는가? 그 대상이 누구이든, 내가 감내해야 할 희생이 무엇인지가 아니라, 하나님의 말씀을 가장 우선할 수 있는 용기가 있는가?

하나님은 용기를 내라고 명하신다. 용기는 누군가가 대신해 줄 수 없는 영역이다. 하나님은 용기 있는 사람들의 입술을 통해 하나님의 뜻을 전달하신다. 놀라고, 떨리는 마음을 이기고 하나님의 뜻을 전할 수 있는 '거침없는 용기의 사람', 그 사람이 바로 하나님의 역사를 이루어 가는 주인공이다.

따뜻한 배려의 마음을 갖추라

느부갓네살의 꿈 이야기를 들은 다니엘은 놀라고, 번민했다. 이 모습을 본 느부갓네살은 다니엘에게 번민하지 말라고 말한다. 이제 다니엘의 차례다. 그가 해석을 말하면 된다. 그렇다면, 다니엘은 어떻게 말했을까? 거침없는 용기의 사람이었던 다니엘은 느부갓네살왕에게 해석을 즉각 쏟아 내었을까? 그렇지 않다. 다니엘은 따뜻한 예의의 사람이었다.

"내 주여 그 꿈은 왕을 미워하는 자에게 응하며 그 해석은 왕의 대적에게 응하기를 원하나이다"_단 4:19b

다니엘은 꿈에 대한 해석을 듣고 놀랄 왕을 먼저 배려하고, 충분히 생각한 다음에 말한다. 자기 목숨을 부지하기 위해 아첨하지 않고 왕에 대한 예의, 자기가 모시는 지도자를 향한 배려를 담아서 예의 있게 하나님의 뜻을 전했다. '그 꿈이 왕에게 응하지 않고, 왕의 대적에게 응하기를 원하는', 즉 진정으로 왕을 사랑하는 마음을 담아 하나님의 뜻을 전달한 것이다.

진정한 예의와 배려는 타인에 대한 존중에서 비롯된다. 다니엘의 예의는 진심으로 타인이 잘되기를 바라는 마음에서 우러나온 것이었다. 분명 하나님 앞에 죄인인 느부갓네살이었지만, 다니엘은 함부로 정죄하지 않았다. 도리어 그 죄의 심판이 왕에게 임하지 않기를 진심으로 소망했다. 죄는 미워하되, 사람을 미워해선 안 된다. 이것이 바로 하나님의 말씀을 거침없이 전하는 용기의 사람이 갖추어야 할 예의이다. 그 대상이 하나님께로 돌이켜 심판을 받지 않기를 바라야 한다.

"그런즉 왕이여 내가 아뢰는 것을 받으시고 공의를 행함으로 죄를 사하고 가난한 자를 긍휼히 여김으로 죄악을 사하소서 그리하시면 왕의 평안함이 혹시 장구하리이다 하니라"_단 4:27

하나님의 뜻을 전한 다니엘은 느부갓네살이 어떻게 해야 할지 알려 준다. 하나님의 뜻을 전할 뿐 아니라, 그가 하나님께 돌이킬 수 있도록 도와준 것이다. 그가 하나님과 화목하게 되는 것, 하나님이 주시는 참된 평안을 누리길 소망하는 것, 이것이 바로 하나님 사람이 갖추어야 하는 진정한 예의다.

당신에게도 이런 예의가 있는가? 누군가를 위해서 하는 말이라고 하면서, 정작 그 안에 그 사람의 상황과 감정에 대한 배려가 없진 않은가? 그 사람이 진정으로 잘되길 원하고 있는가? 그가 죄에서 떠나 하나님의 심판을 피하기를, 하나님의 평안을 누리기를 진심으로 원하고 있는가? 진심에는 사랑이 필요하다. 우리의 말에 따뜻한 예의가 담겨 있어야 한다.

다니엘은 "당신은 죄인이며, 그에 상응한 심판을 받는 것이다!"라고 말하지 않았다. 진심으로 느부갓네살이 하나님께 돌이켜 임박한 심판을 피하길 소망했다. 느부갓네살이 하나님이 뜻을 깨닫고 평안함이 장구하기를 축복했다. 이것이 영혼을 구원하는 그리스도인의 자세다. 그리스도인의 언어에는 하나님의 품격이 있어야 한다.

【 **D**etermination | 결심 】

오늘날 많은 사람이 불만에 차 있다. 입으로 쉴 새 없이 불평하고 분노한다. 내 생각과 다르다는 이유로, 내 뜻대로 되지 않는다는 이유로 너무도 쉽게 불만을 토로한다. 하나님의 사람은 자신의 연약함을 깨달아야 한다. 하나님께서 우리를 각기 다르게 만드셨다. 서로 다른 이들을 그리스도의 몸 된 공동체로 부르셨다. 다름이 당연하다. 하나님은 복음을 위해 나와 공동체를 부르셨다. 우리와 동행하시며, 동역하기를 기뻐하신다. 나의 연약한 입술을 통해 구원의 소식을 전하길 원하신다. 그렇기에 내 입술은 잘 다듬어진 하나님의 도구가 되어야 한다. 이 세상에 하나님을 보여주는 거룩한 본이 되어야 한다.

하나님의 뜻을 두려워하지 말고 전하라! 하나님을 위해 거침없는 용기를 가져라! 하나님은 하나님의 사람에게 용기를 가지라고 명하신다. 두려움에 마음을 내어 주지 말라! 하나님의 뜻이라면 그 대상이 누구든 전할 수 있는 용기가 필요하다. 그러나 동시에 예의와 배려를 갖추어야 한다. 옳은 이야기라고 무조건, 숙고 없이 전해서는 안 된다. 상황에 맞는, 경우에 합당한 지혜와 예의가 필요하다. 상대를 위한 언어, 상대를 배려하는 사랑을 갖추라! 그리스도인은 거침없이 진실을 전하면서도, 예의를 갖춘 사람이 되어야 한다.

평소 내가 외치고 있는 말이 무엇인지 살피라! 하나님의 뜻이 아닌, 내 생각과 내 마음을 강요하기 위해 외치고 있진 않은가? 내 입술에서 나오는 말이 하나님의 뜻인가? 아니면, 나를 주장하는 세상의 수많은 소음 중 하나에 불과한가? 거침없는 태도와 예의를 겸비하여 하나님의 뜻을 전하라! 당신을 통해 느부갓네살처럼 하나님을 간증하는 또 한 사람이 생겨날 것이다.

【 Exercise-guide | 훈련 】

① 내가 평소에 하는 말들을 떠올려 보라. 그 말에 '하나님의 사랑'을 담으려면 어떻게 바꾸어야 할지 적어 보라.

② 거침없이 하나님을 말하지 못하고, 그리스도인임을 숨기고 있진 않은가? 속한 곳에서 그리스도인임을 드러내기 위해 무엇을 할 수 있을지 고민해 보라.

③ 가정, 직장, 학교 등 공동체에서 하나님의 사랑을 표현하고, 가까운 사람들에게 '배려하고 사랑하는 마음을 담아' 예수님을 전하는 편지를 써 보라.

내가 네게 명령한 것이 아니냐

강하고 담대하라 두려워하지 말며

놀라지 말라 네가 어디로 가든지

네 하나님 여호와가

너와 함께 하느니라 하시니라

여호수아 1장 9절

【 적용송 】

내 입술의 말과(시편 19편)

DAY 18

선한 영향력을
흘려 보내라

HOLY

HABIT

MOVEMENT

【 **A**pproach ｜ 도입 】

국화꽃 향기

김하인 작가가 쓴 『국화꽃 향기』라는 소설이 있다. 소설이 큰 인기를 얻어, 동명의 영화로 제작이 되었고, 〈가을동화〉라는 이름의 드라마로 만들어지기도 했다. 이 소설은 '불치병을 소재로 한 남녀의 신파 멜로'의 대표작으로, 국내에서만 무려 2백만 부 이상 판매되었다.

"전철이 흔들리자 문득 그녀의 머릿결에서 국화꽃 같은 향이 났다." 남자 주인공이 여자 주인공을 처음 만난 장면이다. 소설 속 남자 주인공은 여자 주인공을 처음 만났을 때의 느낌을 국화꽃 향기로 기억한다. 영화 〈국화꽃 향기〉에서도 여자 주인공은 라디오에 자신의 사연을 보내면서 "조금이라도 남편의 향기를 더 기억하고 싶은데, 암세포에 자리를 많이 내주면서 그렇게 된 것 같습니다"라며, 남편의 향기를 더 기억하고 싶으나, 할 수 없는 슬픔을 토로한다.

우리는 온몸의 감각을 이용해 무언가를 기억한다. 눈으로 본 모습뿐만 아니라 그곳의 향기와 소리, 분위기까지 함께 기억한다. 이를 '프루스트 현상'Proust phenomenon이라고 한다. 그래서 우리는 어떤 노래를 들으면 노래를 듣던 당시의 상황을 떠올리고, 특정한 향기를 맡으면 그때의 일을 추억하게 된다.

"우리는 구원 받는 자들에게나 망하는 자들에게나 하나님 앞에서 그리스도의 향기니"_고후 2:15

사도 바울은 우리 그리스도인을 '그리스도의 향기'로 표현한다. 여기서 '향기'로 번역된 단어인 헬라어 '유오디아'는 '기쁘게 하는 것'이라는 의미도 있다. 즉, 우리는 '하나님을 기쁘시게 하는 그리스도의 향기'이다.

"너희가 이방인 중에서 행실을 선하게 가져 너희를 악행한다고 비방하는 자들로 하여금 너희 선한 일을 보고 오시는 날에 하나님께 영광을 돌리게 하려 함이라"_벧전 2:12

베드로 역시 우리의 선한 행실로 다른 사람들이 하나님께 영광 돌리게 하라고 말한다. 우리의 삶을 통해 그리스도를 보여 주라는 것이다. 모든 그리스도인은 예수님을 따르는 것이 어떤 것인지 보여 주어야 한다. 만약 모든 그리스도인이 각자의 자리에서 선한 영향력을 드러낸다면 많은 사람을 하나님께 인도할 수 있을 것이다.

【 Bible | 말씀 】

"내가 이제 조서를 내리노라 내 나라 관할 아래 있는 사람들은 다 다니엘의 하나님 앞에서 떨며 두려워할지니 그는 살아 계시는 하나님이시요 영원히 변하지 않으실 이시며 그의 나라는 멸망하지 아니할 것이요 그의 권세는 무궁할 것이며 그는 구원도 하시며 건져내기도 하시며 하늘에서든지 땅에서든지 이적과 기사를 행하시는 이로서 다니엘을 구원하여 사자의 입에서 벗어나게 하셨음이라 하였더라"

_단 6:26-27

다니엘이 사자 굴에 던져지는 사건은 바벨론이 멸망하고, 메대와 바사 제국이 들어선 지 얼마 되지 않았을 때 발생했다. 다니엘로서는 생애 말년에 일어난 사건이며, 가장 극적이고도 반전의 승리를 보여 준 사건이다.

다리오왕은 다니엘을 높은 자리에 세워 나라를 다스리게 하려고 했다. 이를 알게 된 다른 총리와 고관들은 다니엘을 시기해 그를 제거하기 위한 음모를 꾸민다. 그러나 다니엘에게서 그 어떤 허물도 찾을 수 없었던 그들은, 다니엘의 신앙을 역이용하기로 했다. '누구든지 다리오왕 외에 다른 대상에게 절하면 사자 굴에 던진다'라는 내용의 조서를 내린 것이다. 조서에는 왕의 도장까지 찍혀 있었다. 그러나 다니엘은 이 사실을 알면서도 하나님께 무릎 꿇고 기도했다. 결국, 다니엘은 사자 굴에 던져지게 된다.

"왕이 궁에 돌아가서는 밤이 새도록 금식하고 그 앞에 오락을 그치고 잠자기를 마다하니라"_단 6:18

다리오왕에게는 수많은 신하가 있었다. 다니엘을 포함한 총리 셋을 두었고, 고관 120명을 세워 전국을 다스렸다. 이외에도 왕궁에서 교육받는 예비 리더가 많았을 것이다. 다니엘은 연로했고, 심지어 자신이 정복한 바벨론의 왕을 섬기던 자였다. 그런데 다리오왕은 다니엘이 사자 굴에 던져진 사건을 너무나 슬퍼했다. 다니엘을 얼마나 아꼈는지 식음을 전폐하며 잠을 이루지 못했다.

다리오왕은 왜 이토록 다니엘을 아꼈을까? 자신의 말 한마디면 죽기까지 충성할 수많은 신하를 두고도 왜 다니엘이라는 한 사람을 두고 금식했을까? 그것은 바로 다니엘에게 선한 영향력이 있었기 때문이다. 세상의 수많은 지혜자와 신하들이 가지지 못했던, 하나님의 자녀가 지닌 그리스도의 향기를 가지고 있었기 때문이다.

복음은 결코 가려질 수 없는 선한 영향력을 지닌다. 세상의 빛인 그리스도인은 산 위에 동네라도 숨길 수 없다마 5:14.

【 Challenge point | 도전 】

충성된 탁월함을 갖추라

"내가 이제 조서를 내리노라 내 나라 관할 아래에 있는 사람들은 다 다니엘의 하나님 앞에서 떨며 두려워할지니"_단 6:26a

다니엘은 '하나님의 영이 함께하는 비범한 사람'이었다. 다니엘은 다리오왕에게 '하나님의 사람'으로 인정받았다. 하나님이 친히 함께한 다니엘에게는 세상 사람들과 다른 무언가가 있었다. 다니엘은 보통의 지식인들과 달랐다. 성경은 다니엘의 마음이 민첩해 다른 총리와 고관들보다 뛰어났다고 말한다단 6:3. 그 안에는 세상의 지혜자가 흉내 낼 수 없는 탁월함이 있었다. 이 사실을 깨달았던 다리오는 다니엘을 세워 전국을 다스리려 했다. 비범한 능력은 숨겨지지 않는다. 다니엘의 영혼을 주장하고 계신 하나님 역시 숨겨지지 않았다. 하나님의 탁월하심이 그의 삶에 드러났다. 하늘의 지혜를 땅의 지혜가 따라갈 수 없었다.

다니엘의 탁월함은 기술과 지혜에 한정된 것이 아니었다. 단순히 정치를 잘한다든지, 전략을 잘 세워 성과를 얻는 정도로 얄

팍한 지식이 아니었다. 다니엘은 존재 자체가 탁월했다. 총리와 고관들은 그를 끌어내리기 위해 철저히 조사했지만, 어떤 허물도 발견되지 않았다. 어떻게 이 일이 가능한가? 성경은 "그가 충성되어"단 6:4라고 답한다. 다니엘은 공적인 업무뿐만 아니라, 사적인 생활에서도 충성된 사람이었다. 그는 게으르지 않았다. 모든 면에서 하나님의 사람으로 살고자 온전히 충성했다.

세상에 뛰어난 사람은 많다. 그러나 많은 이가 훌륭한 지혜를 그릇되게 사용한다. 자기의 이익과 욕망을 위해 지혜를 사용한다. 다른 사람을 끌어내리고, 자신의 추악한 것을 덮기 위해 사용한다. 진정한 실력은 무엇인가? 자신에게 맡겨진 일을 신실하게 감당하는 것이다. 하나님과 세상 앞에 자신이 가진 지혜와 권위를 충직하게 사용하는 것이다.

하나님은 충성스러운 성품과 동시에 탁월함을 갖춘 자를 사용하신다. 아무 노력도 하지 않고 게으르게 살아가면서 하나님께서 나를 사용하실 거라는 착각에 빠지지 말라! 하나님은 악하고 게으른 종을 나무라신다. 착하고 충성된 자를 칭찬하시고, 그에게 더 많은 것을 맡기신다. 세상에서 맡겨진 일과 사적인 생활 모두에서 충성된 일꾼이 되어라!

변하지 않는 마음을 유지하라

"그는 살아 계시는 하나님이시요 영원히 변하지 않으실 이시며 그의 나라는 멸망하지 아니할 것이요 그의 권세는 무궁할 것이며"_단 6:26b

다니엘은 조서에 왕의 도장이 찍힌 것을 알고도 하나님께 기도했다. 신앙의 절개를 지켰지만, 그 결과는 끔찍했다. 대적들이 놓은 올무에 꼼짝없이 걸리고 만 것이다. 그때 다니엘은 어떻게 반응했을까? 그는 의연히 상황을 받아들였다. 성경은 다니엘이 어떤 말을 했는지 기록하지 않고 있지만, 사자 굴에 들어간 이후 이야기를 볼 때, 그가 기도한 것을 후회하거나 하나님을 원망하지 않았음을 알 수 있다. 사자 굴에 던져질지라도 하나님만 예배한다는 그의 마음이 꺾이지 않은 것이다.

"왕이 다니엘에게 이르되 네가 항상 섬기는 너의 하나님이 너를 구원하시리라 하니라"_단 6:16b

다니엘이 사자 굴에 던져지는 것을 가장 안타까워했던 사람은 다리오왕이었다. 다니엘은 왕에게 목숨을 구걸하지 않았다. 열국을 다스리는 다리오왕이었지만, 다니엘의 위기 앞에 그가 할 수 있는 것은 아무것도 없었다. 그저 하나님께 다니엘의 운명을 위탁할 뿐이었다.

다니엘은 어떤 상황에도 하나님을 섬기는 사람이었다. 그는 변함이 없었다. 다니엘의 이러한 모습을 보며 오히려 다리오왕이 변화된다. 그는 세상의 모든 권력을 쥐고 있음에도, 자신이 얼마나 미약한 존재인지 깨달았다.

변함없는 마음을 가진 자는 세상에 영향력을 끼친다. 우리의 변하지 않는 신앙이 곧 소리 없는 메시지이다. 사람들은 눈앞의 말보다, 그 사람의 뒷모습을 통해 평가한다. 상황에 따라 변하는 사람은 신뢰하지 않는다. 선한 영향력을 흘려 보내고 싶은가? 변하지 않는 신앙과 마음을 유지하라! "모든 지킬 만한 것 중에 더욱 네 마음을 지키라 생명의 근원이 이에서 남이니라"잠 4:23. 하나님은 변함이 없으시다. 회전하는 그림자도 없으시다. 당신도 하나님 앞에 변함없는 신뢰를 드리라!

하나님이 일하시게 하라

"그는 구원도 하시며 건져내기도 하시며 하늘에서든지 땅에서든지 이적과 기사를 행하시는 이로서 다니엘을 구원하여 사자의 입에서 벗어나게 하셨음이라 하였더라"_단 6:27

하나님은 살아 계신다. 만약, 하나님이 살아 계시지 않으시다면 우리의 신앙은 헛것이다. 하나님께서 다니엘을 사자 굴에서 건져 내지 않으셨다면, 하나님을 찬양하라는 다리오왕의 조서 역시 없었을 것이다. 하나님이 일하셨기에, 다니엘의 선한 영향력이 흘러갈 수 있었다.

하나님의 역사를 목도한 다리오왕은 하나님을 분명하게 증거한다. 하나님은 우리를 구원하시고, 건져 내기도 하시며, 하늘에서든지 땅에서든지 이적과 기사를 행하시는 분이라고 고백한다. 사자 굴 이야기 속의 구원은 하나님께 있다. 다리오는 하나님의 이적을 증언하는 증인일 뿐이다. 다니엘 역시 하나님의 구원을 경험한 수혜자에 불과하다. 아무리 뛰어나고, 아무리 많은 기적을 경험한다 해도, 모든 일의 참된 주인공은 하나님이시다.

총리와 고관들은 다니엘을 사자 굴에 던지고 입구를 봉했다. 그러나 하나님은 다니엘을 해치려는 사자들의 입을 봉하셨다. 다리오왕은 자신이 도장 찍은 조서 한 장 물릴 수 없는 연약한 인간이었지만, 하나님은 다니엘을 공격한 모든 대적을 기적적으로 물리치셨다.

우리는 나의 힘과 능력으로 어떻게 할 수 없는 일을 만나곤 한다. 그러나 그때도 흔들리지 말아야 한다. 내가 아무것도 할 수 없는 그때가 하나님이 일하실 타이밍이다. 하나님이 일하시자 역전이 일어났다. 우상을 섬기는 다리오왕의 입에서 하나님을 향한 찬양이 터져 나왔다. 하나님의 일하심은 우리의 생각을 놀랍도록 뛰어넘는다.

물론, 언제나 우리를 사자 굴에서 건져 내시는 것은 아니다. 하나님은 환란을 허용하기도 하시고, 순교의 현장을 허락하기도하신다. 그러나 그 순간에도 하나님은 일하신다. 순교의 피가 흐른 곳마다 복음이 피어났다. 예루살렘 땅에 유대인과 로마의 박해가 임하자 이방 땅 곳곳에 교회가 세워졌다. 수많은 고난이 있었기에 지금 나에게도 복음이 전해진 것이다. 즉, 중요한 것은 사자 굴에서 건짐을 받는 것이 아니다. 하나님의 일하심이 나타나는 것이다. 하나님의 크신 계획에 동참하라! 하나님이 일하시도록 내 삶을 맡겨라! 내 삶의 주인공이 되지 말고, 내 삶의 주인이신 하나님을 경험하라!

【 Determination ㅣ 결심 】

다니엘은 수없이 정권이 바뀌었음에도, 세상 영광의 정점인 왕궁에서 살았다. 그러나 왕궁은 결코 아름다운 곳이 아니었다. 세상의 유혹과 사탄의 모략이 가득한 곳이었다. 왕궁의 사람들은 더 높은 곳에 오르기 위해 서로를 짓밟았다. 경쟁자를 제거하기 위해 왕에게 아첨하는 등 온갖 권모술수가 넘쳤다. 그러나 다니엘은 가장 세속적인 곳에서 하나님의 사람으로 살았다. 세상의 악취가 가득한 곳에 그리스도의 향기를 흘려 보냈다.

모든 그리스도인은 하나님께서 세상에 보내신 대사大使이다. '대사'에 대한 사전적 정의는 다음과 같다. "나라를 대표하여 다른 나라에 파견되어 외교를 맡아보는 최고 직급 또는 그런 사람.

주재국駐在國에 대하여 국가의 의사를 전달하는 임무를 가지며 국가의 원수와 그 권위를 대표한다." 그렇다. 나는 하나님 나라를 대표하는 사람이다. 하나님께서 하나님 나라가 어떤 곳인지 보여주기 위해 나를 세상으로 보내셨다. 내가 있는 곳, 나의 가정과 직장과 학교는 하나님이 나를 보내신 곳이다. 그곳에서 나의 참된 주인이신 하나님을 드러내야 한다.

선한 영향력을 흘려 보내기 위해선 실력을 갖춰야 한다. 세상 속에 하나님의 사람으로서 탁월함을 드러내야 한다. 다윗은 목자였다. 그는 목자로서 자신의 양 떼를 지키기 위해 수없이 돌팔매질을 연습했다. 그리고 때가 되었을 때 하나님은 다윗의 돌팔매 실력을 사용하셨다. 다윗이 블레셋 장군 골리앗을 쓰러뜨린 것이다. 칼과 창이 넘쳐나는 전장에서 다윗이 갈고 닦은 돌팔매 실력을 하나님이 사용하셨다.

그러나 탁월하기만 해선 안 된다. 세상에는 수많은 지혜자가 있다. 아무리 탁월해도 우리만큼, 혹은 우리보다 뛰어난 자는 반드시 존재한다. 우리가 가져야 할 탁월함은 '충성된 탁월함'이다. 많은 사람이 자신이 가진 지혜를 악한 일에 사용한다. 누군가를 속이고, 함정에 빠뜨리기도 한다. 이처럼 자신의 이득을 얻기 위해 지혜를 이기적으로 사용한다. 그러나 하나님의 사람은 하나님께 충성한다. 열심히 공부하고, 열심히 실력을 연마하는 것은 하나님의 충성된 일꾼이 되기 위함이다. 하나님은 착하고 충성된 자를 사용하신다.

하나님의 선한 영향력을 흘려 보내기 위해 마음을 다잡으라! 세상의 모든 것은 쉬이 변해 버린다. 오늘의 영광이 내일을 보장해 주지 않는다. 변하지 않는 것은 오직 하나님 한 분뿐이다. 그렇기에 그 하나님을 믿고 의지하는 우리의 마음 역시 변해선 안 된다. 어떤 일이든, 어떤 상황이든 하나님을 믿기로 결단해야 한다.

마지막으로, 하나님이 일하시도록 나의 자리를 내어 드리라! 내가 발휘할 수 있는 최상의 실력보다, 하나님의 작은 인도하심이 더 뛰어남을 기억하고, 내 마음속에 언제든 하나님이 일하시도록 자리를 준비해 두며 하나님과 동행하기를 소망한다.

그리스도인이라는 말은 '그리스도에게 속한 사람'이라는 뜻이다. 나의 모습에서 그리스도가 드러나야 한다. 나의 삶에 그리스도의 향기가 발현되고 있는가? 나는 예수님 앞에 착하고 충성된 종인가 자신을 살피고, 그리스도께 속한 자로 그분의 향기를 전하는 자가 되어라!

【 **E**xercise-guide | 훈련 】

❶ 나의 분야에서 최고가 되기 위해 노력하고 있는가? 하나님이 보내신 곳에서 믿음으로 충성을 다하고 있는가?

❷ 나는 '그리스도인'의 모습을 보여 주고 있는가? 주변 사람들에게 그리스도인의 향기를 드러내기 위해 할 수 있는 일은 무엇인가?

❸ 누군가가 알아주기 바라지 말고, 하나님의 뜻을 따라 선한 일을 결심하고 행하며, 공동체와 함께 다짐해 보라.

우리는 구원 받는 자들에게나
망하는 자들에게나
하나님 앞에서 그리스도의 향기니
고린도후서 2장 15절

너는 그리스도의 향기라

DAY 19

바다 같은

수용성을 가지라

HOLY

HABIT

MOVEMENT

【 Approach | 도입 】

중심이 바로잡힌 수용

1800년대 후반, 홍콩은 불교의 영향력이 강했다. 도풍산 지역 역시 마찬가지였다. 이즈음 노르웨이 선교부에서 당시 루터란 소속의 선교사 칼 라이헬트Karl Ludvig Reichelt를 파송했다. 그러나 칼 역시 현실의 장벽에 부딪혔다. 불교가 곧 삶인 그들과 도무지 접촉점이 생기지 않았던 것이다. 그는 지혜를 구했다. 그리고 뜻을 정했다.

머리를 깎은 칼 라이헬트는 승복을 입고 사찰을 드나들며 승려들과 함께 생활했다. 그렇게 30년 동안 절을 드나들었다. 열매가 있었을까? 오히려 반대였다. 노르웨이 선교 본부에서 그의 선교 방법을 못마땅하게 여기고, 파문시키려 하기도 했다. 그러나 그는 믿음의 소신을 굽히지 않았다. 그리스도의 진리와 사랑이 있다면 반드시 회심의 역사가 일어나리라는 믿음이 있었다. 주의 이름으로 아무것도 시도하지 않는다면 도대체 무슨 일이 일어나겠느냐는 마음으로 중심의 견고함은 세우되, 수용의 마음으로 나아갔다.

놀랍게도 30년 뒤, 불교 승려 70명이 세례를 받는 기적이 일어났다. 이어서 200여 명 가까운 승려가 세례를 받고 기독교로 개종하는 역사가 일어났다. 이때 도풍산에 교회뿐만 아니라 '신의종신학원'信義宗神學院, Lutheran Theological Seminary을 세웠는데, 이 이름 또한 불교식 종단의 이름과 비슷하다. 또한, 불교에 익숙한 중국인들에게 거부감을 주지 않기 위해 절 모양과 팔각정 형태로 교회를 지었다.[4]

칼 라이헬트 선교사는 그들의 문화를 배척하지 않았다. 복음의 진리만 살아 있다면 다른 것은 얼마든지 수용하고자 했다. 그렇게 불교 의식으로 살아가는 중국인들에게 예수 그리스도의 복음을 전하기로 한 것이다. 누가 봐도 무모한 일이었다. 심지어 파송한 선교부에서도 고개를 가로저을 정도였다. 하지만 그는 하나님의 말씀이 역사하는 능력과 위엄을 신뢰했다. 낯선 문화 속에서도 하나님께서 자신을 도구로 사용하실 것이라는 사명 의식과 믿음으로 철저히 무장되어 있었다.

하나님은 포기하지 않으신다. 주님의 뜻이 온전히 성취될 수 있도록 세밀하게 역사하신다. 혹 뜻을 세웠으나 내 기질과 신념

---

4   http://www.cbuk.kr/Board/Detail/14307/14794

으로 인해, 또는 수용할 수 없는 현실의 높은 벽 때문에 돌아서려고 하는가? 그럼에도 하나님은 반드시 길을 내신다. 뜻하지 않게 사다리를 내려 주실 수 있고, 누군가 담 위에서 손을 내밀 수도 있다. 누군가 잠겨 있는 문을 열 만한 열쇠를 건넬 수도 있고, 벽 안에 있는 사람의 마음을 만져 문을 열게 할 수도 있다.

그러니 예수 그리스도의 진리만 살아 있다면 어디든지 담대히 들어가야 한다. 믿음의 모험을 해야 한다. 그것이 복음 전도며, 그것이 선교이다. 다니엘은 하나님을 향한 절대적인 신뢰가 있었기에 유연한 수용력을 발휘했다. 당신의 고집이나 선입견이 오히려 복음이 전파되는 것을 막고 있진 않은가? 진리를 타협하라는 것이 아니다. 진리가 모든 것을 관통함을 기억하라는 뜻이다.

【 Bible | 말씀 】

"이에 다니엘이 부름을 받아 왕의 앞에 나오매 왕이 다니엘에게 말하되 네가 나의 부왕이 유다에서 사로잡아 온 유다 자손 중의 그 다니엘이냐 내가 네게 대하여 들은즉 네 안에는 신들의 영이 있으므로 네가 명철과 총명과 비상한 지혜가 있다 하도다"_단 5:13-14

"다리오가 자기의 뜻대로 고관 백이십 명을 세워 전국을 통치하게 하고 또 그들 위에 총리 셋을 두었으니 다니엘이 그 중의 하나이라 이는

고관들로 총리에게 자기의 직무를 보고하게 하여 왕에게 손해가 없게
하려 함이었더라 다니엘은 마음이 민첩하여 총리들과 고관들 위에 뛰
어나므로 왕이 그를 세워 전국을 다스리게 하고자 한지라"_단 6:1-3

"바사 왕 고레스 제삼년에 한 일이 벨드사살이라 이름한 다니엘에게
나타났는데 그 일이 참되니 곧 큰 전쟁에 관한 것이라 다니엘이 그 일
을 분명히 알았고 그 환상을 깨달으니라"_단 10:1

다니엘서에는 다니엘이 섬긴 네 명의 왕이 등장한다. 느부
갓네살, 벨사살, 다리오, 고레스로 다니엘은 노년까지 네 왕을 섬
긴다. 다니엘은 유대민족으로서 바벨론 왕 밑에서 일을 했다. 그
리고 바벨론이 바사에 의해 밀려나자, 바사 왕 밑에서도 왕을 섬
겼다.

다니엘이 섬겼던 바벨론과 바사는 엄연히 역사와 문화가 다
른 제국이다. 바벨론 제국은 고대 메소포타미아에 있는 고대 도
시로 바빌로니아 제국의 수도였다. 현재의 이라크 바빌주 힐라에
있었던 곳으로 바그다드 남쪽으로 80km 떨어진 곳에 위치한다.
바벨론은 B.C 625년부터 신바빌로니아 제국을 세우게 된다. 갈
대아인들이 앗수르 제국을 멸망시키고 세운 왕국으로, 다니엘서
에 나오는 바벨론 제국이다.

바벨론은 다양한 신을 섬기는 다신론을 가지고 있었다. 그들
은 금이나 은, 다른 피조물로 만든 신상을 섬기며 그 신상들에게

절하는 풍습을 가지고 있었다. 바벨론인들은 그 신들이 물질적인 번영과 지혜를 준다고 믿고 있었다.

반면 바사 제국은 B.C. 6세기 중엽, 이란의 우르미아호 남부에 살던 아리아 인종 유목민들이 남쪽의 파르수마슈에 이주해 정착하면서 세워진 나라다. 이들은 B.C. 330년 알렉산더 제국에 멸망하기 전까지 서남아시아 지역의 패권을 차지했다.

바사인들은 유럽의 신화를 수용하여 믿었으며, 선과 악의 이원론을 근거로 세워진 조로아스터교를 믿었다. 조로아스터교는 예언자 조로아스터Zoroaster의 가르침에 기반한 종교로, 이들은 다신을 믿지 않고 유일신인 아후라 마즈다Ahura Mazdā만을 믿었다. 조로아스터교는 '불을 숭배하는 종교'라는 뜻인 배화교拜火敎라는 이름도 있다. 조로아스터교의 제사 의식이 봉헌물을 제단에 불을 붙여 바치는 형식이었기 때문에 '불을 숭배하는 종교'라고 불린 것이다.

다니엘은 이렇게 역사와 종교와 문화가 다른 두 제국을 나란히 섬겼다. 두 제국의 행정제도에 맞춰 나라의 살림을 도맡아 자신이 맡은 임무를 수행하는 문화적인 유연성을 보인 것이다. 다니엘은 유대인으로서 여호와만을 섬겼지만 시대 문화를 이해하고 자신의 능력을 최대한 발휘하며 여호와 하나님만을 믿는 신앙을 철저히 지키며 살아갔다. 시대의 변화 속에서 그 변화를 수용하며 새로운 왕을 최선을 다해 섬겼고, 또한 그 왕 위에 진정한 왕이신 하나님만을 섬기는 순결함을 잃지 않았다.

【 **C**hallenge point ǀ 도전 】

새로운 환경에 대한 수용력을 가지라

다니엘은 언제나 새로운 환경을 마주해야 했다. 유대 문화권에서 살았던 그는 바벨론에 포로로 끌려가서 낯선 양식에 적응해야 했다. 새로운 문화는 언어가 다르고, 식습관이 달랐다. 의복도 다르고, 헤어스타일도 달랐다. 무엇보다 세상을 이해하는 세계관과 가치관이 달랐다. 완전히 다른 세상에 놓인 다니엘은 계속해서 생경한 상황 속에 놓였다.

살아가는 공간이 변하면 그곳에 적응하는 데 꽤 오랜 시간이 걸린다. 나라가 바뀌고, 리더가 바뀌는 상황 또한 그렇다. 다니엘 역시 변화의 소용돌이를 거쳐야 했다. 바벨론에서 바사로 나라가 바뀌면서 나라를 운영하는 철학과 행정 체계가 바뀌었다. 그리고 각 왕마다 자신의 업적을 백성 앞에서 과시하고 드러내야 했기 때문에 왕이 바뀔 때마다 큰 사업과 프로젝트가 진행되었다. 왕은 그것을 위해 백성을 통제하며 세금을 거두었고, 왕이 사는 궁궐로 공물들을 이송하기 위해 저마다의 비책을 내놓았다.

다니엘은 나라를 다스리는 고관이었기 때문에 새로운 행정 체계에 매번 적응해야 했다. 평생 성실히 공부하지 않으면 안 되는 긴장된 상황 앞에 놓였다. 동시에 유대인으로서 하나님의 말씀에 자신의 뜻을 정하고, 타협하지 않고 그 길을 걸었다. 하나님의 말씀의 기준에서 벗어나지 않기 위해 몸부림쳤다.

다니엘은 4명의 왕을 섬기며 각 문화를 완벽히 학습한 수용력 있는 사람이다. 유대인으로서 하나님의 말씀대로 살았지만, 시대의 문화를 완전히 차단하거나 무시하지 않았으며, 배타적이지도 않았다. 하나님의 사람으로 그 시대에 종속되지 않고 오히려 문화를 선도하며, 거룩하고 정결한 삶으로 영향력을 끼치며 살았다.

> "보라 내가 너희를 보냄이 양을 이리 가운데로 보냄과 같도다 그러므로 너희는 뱀 같이 지혜롭고 비둘기 같이 순결하라"_마 10:16

세상에서 우리는 뱀같이 지혜롭고, 비둘기같이 순결한 균형을 배워야 한다. 세상의 문화에 무조건적인 배타성을 가져서는 안 된다. 세상과 교회를 이원화하여 세상에서 벗어나 산속으로 들어가는 신앙은 건강한 신앙이 아니다. 건강한 신앙인은 세상 속에서 다니엘처럼 지혜롭게 탁월한 실력으로 영향력을 행사해야 한다. 그와 동시에 비둘기같이 깨끗하고 순결하게 하나님의 말씀대로 살아가는 거룩한 영성을 통하여, 사람들에게 하나님을 전하며 살아가야 한다.

우리가 세상으로 들어가지 않는다면 세상은 하나님에 대해 알지 못한다. 또한 우리가 세상에 섞여 구별된 모습을 보이지 않는다면 세상은 하나님을 보지 못할 것이다. 우리가 다니엘과 같은 지혜를 통해 거룩한 수용력을 가질 때 세상은 우리를 통해 하나님의 영광을 보게 될 것이다.

믿지 않는 리더에 대한 수용력을 가지라

베드로전서의 배경은 초대교회가 네로황제에 의해 박해받던 때였다. 그 박해의 불길이 마구 번져 가던 때, 많은 순교자가 생기며 성도는 소아시아로 흩어지게 되었다. 이때 사도 베드로가 초대교회 성도에게 어떻게 하나님의 뜻대로 살아가야 할지 알려 준 서신이 베드로전서다. 베드로는 네로황제의 통치 아래에서 박해와 고통을 받고 있는 초대교회 성도에게 이렇게 권면한다.

> "인간의 모든 제도를 주를 위하여 순종하되 혹은 위에 있는 왕이나 혹은 그가 악행하는 자를 징벌하고 선행하는 자를 포상하기 위하여 보낸 총독에게 하라"_벧전 2:13-14

베드로는 인간의 모든 제도를 주를 위하여 순종하며, 왕과 위정자에게 순종해야 한다고 말했다. 믿지 않는 악한 왕이라고 할지라도 하나님을 믿는 신앙 안에서 최대한 그들을 존중하고, 법과 제도를 지키며 살아야 함을 강조했다.

당시 위정자들에게 박해받은 초대교회 성도에게 지키기 쉬운 말씀은 아니었을 것이다. 그러나 하나님께서 모든 권세를 주관하시고, 모든 역사를 이끌어 가시며, 모든 주권을 가지고 계심을 믿는 성도라면 위정자들의 박해에 반역으로 맞서지 않고, 그들과 그들이 다스리는 나라를 위해 간절히 기도해야 한다.

다니엘이 살던 시대의 위정자들은 당연히 하나님을 믿는 자들이 아니었다. 그들은 신앙을 지키려던 다니엘의 친구들을 풀무 불에 내던졌다. 하루에 세 번 정한 시간에 기도한 다니엘을 사자 굴에 집어 던졌다. 왕 외에 다른 존재에게 기도를 드렸다는 이유였다. 그럼에도 다니엘은 신앙적인 기준으로 볼 때 악하디악한 왕들을 하나님이 보내 주신 리더로 인정하며 최선을 다해 섬겼다.

> "벨드사살이라 이름한 다니엘이 한동안 놀라며 마음으로 번민하는지라 왕이 그에게 말하여 이르기를 벨드사살아 너는 이 꿈과 그 해석으로 말미암아 번민할 것이 아니니라 벨드사살이 대답하여 이르되 내 주여 그 꿈은 왕을 미워하는 자에게 응하며 그 해석은 왕의 대적에게 응하기를 원하나이다"_단 4:19

다니엘은 느부갓네살왕에게 부정적인 앞날을 예언해야 하는 상황에 놓이게 되었다. 그는 하나님을 믿지 않는 왕이 드디어 벌을 받는다며 거칠게 말하지 않는다. 최대한 느부갓네살왕을 존중하며, 좋지 않은 해석을 어떻게 전해야 할지 고민하는 모습을 보인다. 다니엘은 지혜를 발휘하여, 그 예언이 왕을 미워하는 자에게 응하기를 바란다고 하며 꿈에 대한 해석을 들려주었다.

이 장면에서 알 수 있듯이 다니엘은 하나님을 믿지 않는 리더들을 무시하거나 영적으로 무지한 자로 취급하지 않는다. 그는 하나님이 보내신 삶의 자리에서 모든 이를 최선을 다해 섬겼다.

우리에게도 이러한 자세가 필요하다. 우리나라의 위정자들과 또한 우리가 일하는 일터의 상사가 예수님을 믿지 않아서 영적으로 무지하다고 하더라도 하나님이 세우신 사람들임을 믿음으로 고백해야 한다. 우리는 다니엘과 초대교회 성도가 그랬던 것처럼 권위자들이 믿지 않는다고 할지라도 다니엘처럼 최선을 다하며 자신에게 주어진 일을 해 나가야 한다. 또한 그들에게 하나님의 위대하심을 알게 하여 하나님 앞에서 자신들을 잘못을 깨달아 회개하며 돌아오게 하는 영적 메신저의 역할을 감당해야 한다. 다니엘과 같은 영적 습관을 세우는 도전은 우리 현장에서 지금도 계속되고 있다.

【 Determination | 결심 】

서양미술사에서 손꼽히는 주제 중 하나가 바로 '벌거벗음'에 관한 것이다. 벌거벗은 모습의 미술 작품을 제외하면 서양미술사를 설명할 수 없을 정도다. 고대 그리스 신화를 모티프Motif로 한 여러 작품에서부터, 르네상스 시대의 대표작인 '다비드상', 이후 현대 예술에 이르기까지 인간은 벌거벗은 모습을 사랑할 뿐 아니라, 인류가 회복해야 할 하나의 정신으로 여겨 왔다.

그런데 조금만 성경을 세심하게 읽으면, 성경에 등장하는 '벌거벗음'에 관한 이미지는 그다지 긍정적이지 않다. 태초에 하나님은 아담을 직접 창조하시고, 친히 인간에게 하나님의 형상을 입혀 주셨다. 하나님의 거룩한 형상을 옷 입은 아담은 에덴동산에서 '대리 통치자'의 사명을 부여받지만, 잘 아는 대로 에덴의 '샬롬'은 그리 오래가지 않는다.

하나님께서 금지한 선악과를 따먹음으로 죄를 짓자 하나님과의 관계가 무너져 버렸다. 그 즉시 아담과 하와가 깨닫게 된 건, 자신들이 벌거벗고 있다는 사실이었다^{창 3:7}. 그 결과 육체적인 부끄러움은 영적인 부끄러움에까지 나아가 하나님으로부터 멀어지고 말았다. 이렇게 벌거벗겨진 채로, 다시 말해서 하나님과의 관계가 완전히 단절된 채로 에덴동산을 떠날 수밖에 없었던 아담과 하와였지만, 하나님은 긍휼을 베푸셔서 친히 가죽옷을 지어 그들에게 입히셨다.

이처럼 구약성경에서는 하나님과의 관계가 단절되었음을 상징할 때 '벌거벗음'의 이미지를 사용한다^{겔 16:39}. 반대로, 깨어진 관계를 회복할 때 상징의 의미로 옷을 입히시는데, 우리는 십자가에 달리신 예수 그리스도를 묵상하면서 죄인 된 우리를 향한 하나님의 은혜가 얼마나 크신지를 깨달을 수 있다.

"그들이 예수를 십자가에 못 박은 후에 그 옷을 제비 뽑아 나누고"

_마 27:35

시편 22편 18절에 예언된 대로 예수님은 십자가에서 벌거벗겨진 상태로, 비참하게 하나님의 저주를 감당하셨다. 하나님께서는 예수 그리스도를 벌거벗기심으로, 죄인들이 받아야 할 저주를 자신의 독생자, 하나뿐인 아들에게 내리셨다. 우리가 벌거벗겨져야 하는데, 우리가 그 수치와 치욕을 당해야 하는데, 예수님께서 대신 당해 주신 것이다. "엘리 엘리 라마 사박다니!" 예수님의 처절한 외침과 절규가 귓가에 들리는가?

> "오직 주 예수 그리스도로 옷 입고 정욕을 위하여 육신의 일을 도모하지 말라"_롬 13:14

그런데 놀라운 변화가 일어났다. 가죽옷이나 다른 그 어떤 매개물이 아니라 예수 그리스도가 직접 죄인 된 우리의 옷이 되어 주신 것이다. 예수님께서 십자가에서 죽으심으로, 모든 벌거벗음의 수치를 친히 감당하심으로, 직접 의복이 되어 주셨다. 그리스도의 형상을 입기만 하면 하나님의 형상이 회복될 수 있는 길이 열리게 된 것이다.

그렇다. 예수님은 우리를 사랑하심으로 기꺼이 저주의 상징이었던 십자가를 수용하셨다. 그리고 십자가의 고통과 수치를 당하시며 우리를 구원하신 예수 그리스도로 인해 십자가는 그리스도의 대속과 구속을 상징하는 용어로 바뀌었다.

십자가에 달리신 예수 그리스도를 묵상하면서, 다시 한번 자신을 돌아보자. 우리는 지금 벌거벗음을 가리기 위해 무슨 옷을 입고 있는가? 그리스도인으로서 세상과 구별되어야 할 우리가 실천해야 하는 것은 무엇인가?

【 **E**xercise-guide | 훈련 】

❶ 최근 이슈 중 하나를 골라 기독교 신앙으로 어디까지 수용해야 할지 그 기준에 대해 나누어 보라.

❷ 가족 또는 동료 등에게서 수용하지 못하고 있는 부분이 있다면 무엇인가? 예수님이라면 어떻게 하셨을지 생각해 보고 지혜를 구해 보라.

❸ 예수께서 하나님의 뜻을 이루기 위해 지셨던 십자가를 묵상하고, 이번 주 십자가를 지고 주님을 따라야 할 것은 무엇인지 공동체와 나누어 보라.

내가 네게 대하여 들은즉
네 안에는 신들의 영이 있으므로
네가 명철과 총명과
비상한 지혜가 있다 하도다
다니엘 5장 14절

【 적용송 】

오라 우리가 세상을 변화시키자

DAY 20

#용기

담대한 용기를 가지라

— HOLY

——— HABIT

— MOVEMENT

【 **A**pproach ┃ 도입 】

1989년 3월 25일, 강동구 길동에 상가 건물 2층을 임대해 교회를 개척할 때 마음속에 두 가지 소원이 있었다. 첫째, 교회의 주인이 목사가 아닌 주님이심을 드러내는 것이었다. 교회의 정체성이 단지 교회의 브랜드나 특정 목회자의 리더십에서 나올 때 교회는 말씀의 생기를, 찬양의 감격을, 기도의 능력을 잃어버린다. 그 때문에 예배와 교제, 모든 관계와 사역에서 예수 그리스도가 하나님이심을 선포함을 우선순위로 삼았다. 그렇게 사람의 지식과 경험으로가 아니라 오직 하나님이 주님의 몸 된 공동체를 다스리시고 인도하시도록 기도했다.

또 하나는 십자가의 피 묻은 복음이 얼마나 위대한지를 널리 알리는 것이었다. 처음에 가진 것 하나 없이 교회를 개척했다. 그렇지만 사람의 도움을 구하지 않았다. 개척할 때 왜 두려움이 없었겠는가? 왜 걱정이 없었겠는가? 그러나 복음을 분명하게 증거하기 위해 목회자인 내가 먼저 말씀대로 살아 내고 싶었다. 목회자가 먼저 성령님의 뜨거운 임재를 경험해야 강단에서 말씀이 주시는 은혜를 전심으로 전할 수 있으리라는 믿음 때문이었다. 또한, 하나님의 일을 행함에 있어 사람에게 구걸하지 않았다. 오직 주님뿐이기에 십자가의 피 묻은 복음을 전하기 위해 기도에 더욱 전념했다.

35년이 지난 오늘, 오륜교회는 매주 2만여 명의 성도가 함께 예배하는 교회로 성장했다. 또한, 교단과 교파를 뛰어넘어 전 세계 1만 6천여 교회가 '21일간 열방과 함께하는 다니엘기도회'에 동참하고 있다. '꿈이 있는 미래'를 통해 다음세대, 특별히 우간다의 다음세대까지 품고 섬기게 되었다. 이렇게 하나님이 쓰시는 오륜교회는 한국교회에 대안을 제시하며 열방과 다음세대를 품고 가는 비전의 교회로 성장했다.

지난 30년을 돌이켜 보면 정말 모든 것이 꿈만 같다.[5]

상가 교회를 개척하고 나서 얼마 되지 않은 때였다. 예배 시간에 "앞으로 오륜교회는 한국교회에 대안을 제시하고, 다음세대를 세우는 교회가 되리라!"라고 외쳤다. 그러자 회중에 있던 한 사람이 '풋' 하고 그만 실소를 금치 못했다. 무슨 뚱딴지같은 소릴 하는 거냐는 웃음이었다. 그 사람이 바로 평생 기도로 함께 동역

---

5   김은호, 『꿈만 같습니다』, 2020, 도서출판 꿈미

해 온 내 아내다. 그날 유일하게 함께했던 예배자이기도 했다. 누구보다 우리 교회를 위해 눈물과 기도로 헌신해 준 아내지만, 당시 그 말은 허황된 꿈으로 들릴 만큼 우리 교회의 현실과 거리가 멀었다.

초라해 보이는가? 무모해 보이는가? 그러나 내게는 확신이 있었다. 말씀이 살아 역사하고, 기도를 통해 성령께서 인도하신다는 뜨거운 믿음이 있었다. 주님 앞에 죽기까지 순종하리란 결단이 있었다. 그러니 두려워할 이유가 없었다. 두려움은 하나님이 무능력하다고 회유하는 사탄의 속삭임이다. 그때부터 거침없이 내달렸다. 말씀을 전하고, 무릎으로 기도하고, 복음으로 전도하고, 다시 말씀을 전하고, 금식하며 기도하고, 복음으로 전도하고…….

하나님은 용기 있는 자를 쓰신다. 야성을 가진 자를 쓰신다. '다른 것은 필요 없습니다! 오직 하나님 한 분이면 됩니다'라는 믿음을 가진 자를 영광스러운 역사에 동참시키신다. 그러한 믿음으로 나아가야 하지 않겠는가? 다니엘이 바로 그런 인물이었다. 거침없이 담대한 용기로 하나님의 뜻을 이루는 그의 믿음의 도전이 오늘 우리의 심장을 뛰게 한다.

"이제라도 너희가 준비하였다가 나팔과 피리와 수금과 삼현금과 양
금과 생황과 및 모든 악기 소리를 들을 때 내가 만든 신상 앞에 엎드려
절하면 좋거니와 너희가 만일 절하지 아니하면 즉시 너희를 맹렬히
타는 풀무불 가운데에 던져 넣을 것이니 능히 너희를 내 손에서 건져
낼 신이 누구이겠느냐 하니"_단 3:15

느부갓네살왕은 권력의 상징인 금 신상을 설치해 백성이 그
것에 절하게 함으로써 자신의 왕권을 강화하려고 했다. 즉, 금 신
상은 단순히 신을 섬기는 행위를 넘어 느부갓네살왕의 왕권을 높
이고, 그의 영광을 드높이는 행위라고 할 수 있는 것이다. 그러므
로 금 신상에게 절하지 않는다는 것은 느부갓네살의 왕권을 인정
하지 않는 행위와 마찬가지였다.

또한 금 신상 숭배는 바벨론의 다신론에 기원한 행위이기도
하다. 바벨론은 옛적부터 금이나 은으로 된 신상을 만들어, 그것
이 번영을 가져다준다고 믿고 섬기는 풍습이 있었다. 그것은 느
부갓네살의 왕권을 높이는 방식이기도 하지만 궁극적으로 우상
을 섬기는 우상숭배의 행위이기도 한 것이다.

사드락, 메삭, 아벳느고는 다니엘의 친구로 어렸을 때부터 하
나님 앞에서 뜻을 정해 하나님의 말씀대로 살아왔다. 그들은 단
한 분이신 여호와 하나님만을 섬겼기에 우상에게 절하지 않았다.

금 신상 앞에서도 절대 절할 수 없었다.

다니엘의 친구들은 인생을 온전히 하나님께 의탁했다. 삶과 죽음을 결정하는 분이 왕이 아니라 여호와 하나님이라는 것을 알고 있었기 때문이다. 그들은 느부갓네살왕의 눈치를 보며 살지 않았고, 유일한 인생의 주권자 되시는 하나님만을 바라보며 의지하는 신앙으로 살아갔기 때문에 그들은 느부갓네살왕의 권력을 상징하는 금 신상 앞에 절하지 않은 것이다.

【 Challenge point | 도전 】

용기로 두려움을 제어하라

우리나라 언어로 용기와 용감함은 크게 구분되지 않는 경향이 있다. 그러나 독일어에서는 이 두 가지 언어가 분명히 구분된다. 독일어로 '용기'Mut는 남에게 공격을 가할 때 필요한 능동적인 태도를 말하고, '용감함'Tapferkeit은 상대의 공격에 맞대응하는 수동적인 태도를 말한다. 즉 적극적으로 목숨을 걸고 무언가를 위해 뛰어드는 것은 '용기'라고 할 수 있고, 무지막지한 적군 앞에서 뒤로 물러서지 않고 맞서 싸우는 것은 '용감함'이라 할 수 있다.

용기와 용감함에는 공통점이 있다. 바로 내면에 존재하는 '두려움'이라는 마음을 제어하고 절제한다는 점이다. 용기와 용감함의 태도는 두려움이라는 마음의 상태를 절제하고, 억압하고, 끊어 내는 방식의 태도라는 것이다.

그렇다면 두려움은 어디에서 비롯되는 것일까? 두려움이라는 마음은 미래를 향한 생각에서 오는 경우가 많다. 미래를 예측하고, 미래에 좋지 않은 상황이나 결과가 일어날 것이라고 예상할 때 생기는 것이 두려움이다. 두려움은 아픔, 상실, 실패 등 부정적인 예측에서 오는데, 그 근원에는 죽음이 있다. 이 땅을 살아가는 사람들이 생각하고 확신하는 결과의 끝에는 항상 죽음이 있기 때문이다.

그러므로 두려움을 제어하고, 절제하고 끊어 내려면 미래에 닥치리라고 예견되는 일 앞에서 담대해야 한다. 무엇보다 언젠가 다가올 죽음이라는 미래 앞에서 담대해야 한다. 절망적인 미래가 예상되더라도 담대하게 도전해야 한다. 결과와 상관없이 상황을 돌파해 내고 어떤 상황에서도 뒤로 물러나지 않는 사람이 되어야 한다. 하나님만을 의지하며 길을 개척해 나간다면 가능하다. 죽음은 하나님 나라를 가진 자에게 더 이상 두려움의 대상이 아니다.

용기로 두려움에 맞서 싸우라

본문에서 사드락, 메삭, 아벳느고는 누가 봐도 미래에 좋지 않은 결과를 확신할 수 있는 상황에 놓여 있다. 느부갓네살왕은 자신이 만든 금 신상에 절을 하지 않는 사람은 뜨거운 풀무 불에 던져 넣겠다고 엄포를 놓았다. 모든 사람은 느부갓네살왕이 만든 금 신상에 절을 했고 오직 사드락, 메삭, 아벳느고만이 하나님만 섬기는 믿음의 소신을 굽히지 않았다. 그러자 느부갓네살왕은 사드락, 메삭, 아벳느고 앞에 얼굴빛을 바꾸면서, 풀무 불을 더 뜨겁게하며 겁을 주었다. 자신의 명령을 따르지 않으면 풀무 불에 던져죽음을 맞이하게 하겠다는 엄포였다.

느부갓네살왕은 화가 나 있었고, 풀무 불은 점점 뜨겁게 달아올랐다. 느부갓네살왕의 명령에 따르지 않으면 누가 봐도 분명히부정적인 결과가 다가올 상황이었다. 이런 분명한 죽음의 미래앞에서 사드락과 메삭과 아벳느고의 고백은 어떠했는가?

"그렇게 하지 아니하실지라도 왕이여 우리가 왕의 신들을 섬기지도
아니하고 왕이 세우신 금 신상에게 절하지도 아니할 줄을 아옵소서"
_단 3:18

'그렇게 하지 아니하실지라도 우리는 하나님의 말씀을 지키겠습니다. 우리의 미래가 어려워지더라도 우리는 하나님의 말씀으로 도전하는 삶을 지켜 나가겠습니다.' 사드락, 메삭, 아벳느고의 고백 속에서 결과를 초월하고 죽음을 초월한 신앙인의 믿음을볼 수 있다.

이들은 이 땅에서의 성공보다 하나님과의 관계가 더 중요했기 때문에 초연할 수 있었다. 두려움은 두려움에 집중하게 만든다. 두려움은 하나님과의 관계에 집중할 때 자연스럽게 사라

진다. 하나님과의 관계에 최우선순위를 두고, 모든 것을 맡길 때 어떤 결과를 만나도 하나님의 뜻임을 믿고 순종하며 나아갈 수 있다.

이들은 죽음의 두려움을 초월했다. 이들의 신앙은 이 세상이 전부가 아님을 고백하는 신앙이었기 때문이다. 죽음 뒤에 사랑하는 주님께서 믿음의 사람들을 안아 주시고, 맞이해 주실 것을 알았기 때문이다. 또한 하나님께서 죽음보다 강한 분이며, 죽음을 이기는 분이심을 알기에 두려움을 이겨 낼 수 있었다.

우리는 눈에 보이는 이 땅에서 나그네처럼 잠깐 머물다 간다. 100년도 되지 않는 이 땅에서의 인생은 영원이라는 시간에 비교하면 잠시 지나가는 안개와 같다. 따라서 이들은 이 땅에서의 삶보다 죽음 이후의 하나님 나라에 더욱 큰 의미와 소망을 둘 수 있었다. 우리에게도 이러한 믿음의 고백이 있을 때 죽음이 근원이 되는 두려움을 끊어 낼 수 있다.

성경적인 용기를 가지라

성경에서는 담대함과 용기에 대해 어떤 상황에서 강조하고 있을까? 또한 그러한 상황적 문맥 속에서 우리는 성경적인 용기를 어떻게 정의할 수 있을까? 하나님께서 성경에 나오는 믿음의 선진에게 자주 강조하신 말씀은 '담대하라'였다.

모세는 당시 최고의 대국인 이집트에서 이스라엘 백성을 이끌어 낸 위대한 지도자였다. 그는 하나님의 주시는 능력으로 홍해를 가르고, 백성을 이끌고 광야에서 생활하는 동안 하나님의 이적을 백성에게 보여 준 이스라엘의 위대한 지도자였다. 그를 이어 여호수아에게 이스라엘의 지도자가 되어 약속의 가나안 땅을 정복해야 하는 사명이 주어진다.

여호수아는 이런 상황에서 어떤 마음이 들었을까? 앞선 지도자인 모세에 비해 너무나 초라한 자신을 보고 이스라엘 백성이 자신의 부족함 때문에 무질서해지는 것에 대한 두려운 마음이 있었을 것이다. 또한 지도력을 상실한 민족이 처참한 실패를 맞이하지는 않을지 불안함이 가득했을 것이다. 그런 상황에서 하나님은 여호수아에게 말씀하신다.

"내가 네게 명령한 것이 아니냐 강하고 담대하라 두려워하지 말며 놀라지 말라 네가 어디로 가든지 네 하나님 여호와가 너와 함께 하느니라 하시니라"_수 1:9

하나님은 여호수아에게 하나님이 함께하시니 강하고 담대하라고 말씀하신다. 그러나 하나님이 언제나 함께하시는 것에는 조건이 있다.

"오직 강하고 극히 담대하여 나의 종 모세가 네게 명령한 그 율법을 다 지켜 행하고 우로나 좌로나 치우치지 말라 그리하면 어디로 가든지 형통하리니"_수 1:7

우리가 하나님의 말씀을 지킬 때 하나님께서 우리와 함께해 주신다. 하나님의 말씀을 지키는 것과 동시에 필요한 마음이 있는데, 바로 '담대한 용기'이다. 용기를 가져야 세상의 대세를 극복하고, 하나님의 말씀을 지키며 살아갈 수 있다. 그래서 성경은 하나님의 말씀대로 세상을 거스르며 순종하라고 할 때, 담대한 마음을 함께 강조하는 것이다. 다윗도 임종을 앞두고 아들 솔로몬에게 마지막 당부를 할 때 용기와 하나님의 말씀에 순종함을 함께 강조했다.

"내가 이제 세상 모든 사람이 가는 길로 가게 되었노니 너는 힘써 대장부가 되고 네 하나님 여호와의 명령을 지켜 그 길로 행하여 그 법률과 계명과 율례와 증거를 모세의 율법에 기록된 대로 지키라 그리하면 네가 무엇을 하든지 어디로 가든지 형통할지라"_왕상 2:2-3

다윗도 솔로몬에게 하나님의 말씀을 지키기 위해선 담대한 마음이 필요하다고 말하고 있다. 세상의 대세를 따르지 않고, 하나님의 진리의 길을 가기 위해서는 사람을 두려워하지 않는 담대함이 필요하다. 세상의 유행과 흐름에 편승하지 않는 용기로부터 나오는 거룩한 고집이 필요하다. 그럴 때 하나님은 우리가 두려워하는 그 일을 우리의 인생에 허락하지 않으신다. 우리 미래에 우리가 두려워하는 일이 생기지 않고, 하나님이 주시는 평안과 형통함이 우리의 인생을 가득 메울 것이다. 용기를 가지고 순종할 때, 인생의 결과를 바꾸시는 하나님을 경험하게 될 것이다. 그러므로 용기는 하나님의 말씀에 순종할 때 발휘되어야 하는 위대한 믿음의 태도이다.

【 Determination | 결심 】

약 2,000년 전, 예수님은 이 땅에서 복음 사역을 시작하셨다.

> "요한이 잡힌 후 예수께서 갈릴리에 오셔서 하나님의 복음을 전파하여 이르시되 때가 찼고 하나님의 나라가 가까이 왔으니 회개하고 복음을 믿으라 하시더라"_막 1:14-15

예수님은 가장 먼저 하나님 나라 복음을 선포하셨다. '때가 찼다'라는 말은 '옛날 너희를 지배하던 바벨론의 시대가 끝났다. 이제 하나님이 너희를 통치하는 해방의 시대가 왔다'라는 말이다.

다니엘은 우리가 지금은 마귀의 노예지만, 인자 예수님이 이 땅에 오셔서, 우리를 해방시킬 것을 미리 본 것이다. 그는 신음하는 동족에게 인자의 비전을 보여 주며 위로하고, 현실을 극복하게 했다. 한마디로 그는 그리스도와 동행하고, 그리스도로 위로받고, 그리스도를 꿈꾸며, 그리스도의 십자가와 같은 사자 굴에 뛰어들었다.

우리는 예수로 인해 우리는 해방되어 이미 예수의 나라에 거한다. 그런데 그의 나라는 그가 다시 오실 때까지 완성된 것이 아니다. 그가 다시 오실 때 모든 것이 완성된다. 아직은 마귀의 세력이 남아 있다. 전쟁과 빈곤, 부정부패, 입시 전쟁, 폭력과 음란의 미디어, 생태계 파괴, 인신매매, 어느 시대의 어느 곳이든 죄와 맘몬의 영향력이 팽배하다. 우리는 이것들과 영적 전쟁을 감당해야 한다. 예수의 깃발을 들고, 이 시대, 이 사회 모든 삶의 영역을 하나님의 통치가 있는 곳으로 변혁해야 한다. 예수의 나라는 정의와 공의의 나라고, 사랑과 긍휼의 나라다. 예수의 비전으로 자란 다니엘들이 이 사회 곳곳에 포진되어서, 예수의 세계관과 가치로 이 세상을 바꿔 가야 한다는 말이다.

우리가 다니엘처럼 살아야 한다. 예수님의 나라를 꿈꾸면서 예수님과 함께 부르신 곳에서 세상의 영적 권세들과 싸워야 한다. 거침없이 담대한 용기로 나아가야 한다. 만약 상황과 환경 때문에 브레이크 걸리는 믿음이라면, 그것이 어찌 하나님 앞에 온전한 믿음이 되겠는가? 죽도록 기도해 보지 않고 현실의 벽 앞에서 고개를 숙이고 뒤돌아선다면 그것이 어찌 하나님의 능력을 경험하는 은혜가 되겠는가? 거침없이 담대한 용기를 가지라! 이것이 믿음 있는 자의 특권이다.

【 Exercise-guide | 훈련 】

1 용기를 내어서 해냈던 것, 용기를 내지 못해 하지 못했던 것을 기록해 보라. 두 지점을 가른 요소가 무엇이라고 생각하는가?

2 담대함은 '하나님이 나와 함께하시면 반드시 승리한다'라는 믿음을 의미한다. 현재 삶에서 담대함이 필요한 영역을 생각해 보라.

3 용기를 주는 성경 구절 세 가지를 적어 보라. 그리고 암송하며 공동체 앞에서 선포하라.

이제라도 너희가 준비하였다가

나팔과 피리와 수금과 삼현금과 양금과

생황과 및 모든 악기 소리를 들을 때

내가 만든 신상 앞에 엎드려 절하면 좋거니와

너희가 만일 절하지 아니하면 즉시 너희를

맹렬히 타는 풀무불 가운데에 던져 넣을 것이니

능히 너희를 내 손에서 건져낼 신이 누구이겠느냐 하니

다니엘 3장 15절

【 적용송 】

너 결코

DAY 21

하나님을 자랑하는
간증의 주인공이 되라

HOLY

HABIT

MOVEMENT

【 **A**pproach | 도입 】

반전 드라마

'관상은 과학이다'라는 우스갯소리가 있다. 이 말은 관상학이 과학적이라는 뜻이 아니다. 어떤 사람의 얼굴을 보게 됐을 때, 그 사람에게서 풍기는 분위기와 인상이 실제 성격과 일치한다는 주장이다. 예를 들어 무표정인 사람은 말수가 적고 무뚝뚝할 것 같고, 웃는 얼굴인 사람은 말이 부드럽고 유머러스할 것으로 예상하는 것이다. 이 말은 우리에게 '선입견'이 있음을 보여 준다. 그 사람의 외모와 행동들을 통해 '이 사람은 어떤 사람일 것이다'라는 편견을 갖는다는 뜻이다.

선입견은 다른 말로 '선입관념'先入觀念이라고 부른다. 어떤 일을 접하게 됐을 때 자신이 가진 사전적인 지식이 작용해 그 대상을 평가하게 되는 관념을 뜻한다. 때에 따라서는 이것이 노하우가 될 수도 있고, 누군가에게는 관록貫祿일 수도 있다.

우리는 어떤 일이 벌어졌을 때, 이 일이 앞으로 어떻게 될 것인지 또는 이 일이 왜 벌어졌는지 인과관계를 살핀다. 그렇기에 반대로, 내가 생각하던 것과 전혀 다른 일이 펼쳐질 때 카타르시스를 느끼기도 한다. 내가 생각하던 결말이 아닌, 나의 사고를 깨뜨리는 자극을 받기 때문이다. 그런 의미에서 소위 '반전 드라마'가 인기를 얻기도 했다. 자신이 생각하던 결말이 아닌, 나의 예상을 뛰어넘어 모든 것이 뒤집힐 때 통쾌함을 느끼곤 한다.

우리는 자신의 삶에 긍정적인 반전이 있기를 꿈꾼다. 힘들고 어려웠던 상황이 전혀 예상치 못한 방법으로 반전되기를 원한다. 교회 안에서 이뤄지는 간증도 이와 같은 모습을 보인다. "어려운 일이 있었으나, 기도했더니 해결되었다", "이러이러한 고난과 고통이 있었는데 상황이 역전되었다", "내가 기도한 것과 전혀 다른 방향의 응답이었지만 결과적으로 모든 것이 은혜였다." 고난의 상황이 역전되었을 때, 내가 생각하던 것과 전혀 다른 방식으로 일이 해결될 때의 영적인 카타르시스는 이루 말할 수 없다.

'간증'은 내 생각을 뛰어넘어 일하시는 하나님을 드러내는 일이다. 나의 작고 편협한 생각이 아닌, 크고 능하신 하나님의 높으심을 찬양하는 것이다. 하나님이 우리에게 허락하신 역전은 참으로 놀랍다. 야구 9회말 2아웃 상황에서 경기를 뒤집고 역전하는 것과 비교할 수 없다. 그렇기에 많은 사람이 간증을 좋아하고, 또 간증을 나누는 주인공이 되고 싶어 한다. 간증은 하나님을 높이는 자리이다. 나의 잘됨을 자랑하는 것이 아니라, 나를 통해 일하신 하나님을 자랑하는 일이다. 그런 의미에서 우리 모두가 '간증의 주인공'이 되기를 소망한다. 우리의 삶을 통해 일하시는 하나님을 전하는 전달자가 되기를 기도한다.

【 Bible | 말씀 】

"나의 조상들의 하나님이여 주께서 이제 내게 지혜와 능력을 주시고 우리가 주께 구한 것을 내게 알게 하셨사오니 내가 주께 감사하고 주를 찬양하나이다 곧 주께서 왕의 그 일을 내게 보이셨나이다 하니라"_단 2:23

느부갓네살왕이 다스린 지 이 년 되는 해였다. 어느 날 그는 한 꿈을 꾸었고, 꿈 때문에 번민하여 잠을 이룰 수 없었다. 꿈을 의미를 해석할 수 없었던 느부갓네살왕은 박수와 술객 등 꿈을 해석할 만한 온갖 사람을 소집했다. 신하들은 왕의 꿈을 해석하기 위해 어떤 내용의 꿈인지 알려 주기를 구했다. 그러나 느부갓네살왕은 그 누구에게도 꿈을 알려 주려 않았다. 신하들이 거짓말로 해석하여 자신을 속일 수 있다고 생각했기 때문이다.

느부갓네살왕은 진정한 지혜자라면, 자신이 말하지 않더라도 꿈을 해석해 줄 수 있다고 생각했다. 이에 신하들은 당황할 수

밖에 없었다. 왕의 꿈을 알 수도 없었고, 자칫 잘못 말했다간 생명을 부지할 수 없었기 때문이다. 이에 신하들은 '신들 외에는 알 수 없다'라고 왕에게 호소했지만 느부갓네살은 강경했다.

느부갓네살은 나라의 온갖 뛰어난 자들을 불렀지만, 누구도 속 시원하게 꿈을 해석하지 못하자 분노했다. 그리고 바벨론의 모든 지혜자를 다 죽이라고 명령했다. 한 나라의 절대 권력자의 횡포에 억울한 희생자가 나올 수밖에 없는 상황이었다. 그러나 이때 다니엘은 역전의 하나님을 경험했다. 절체절명의 위기 속에서도 함께하시는 하나님을 만났다. 그의 삶이 하나님을 자랑하는 간증의 주인공이 되었다. 위기 상황에서 하나님은 이 모든 일을 역전시킨다. 죽음의 위기에 놓인 다니엘을 구하실 뿐만 아니라, 그를 세워 바벨론의 온 지방을 다스리게 하신 것이다.

【 Challenge point ㅣ 도전 】

다니엘은 하나님을 자랑하는 간증의 주인공이었다. 그의 간증은 말뿐인 간증이 아니었다. 그의 간증에는 영적 실력과 하나님의 능력이 나타났다. 다니엘은 당시 갈대아 최고의 학자들도 풀지 못했던 문제를 풀어 냈다. 모든 책사와 술사, 심지어 최고 권력자인 느부갓네살마저 굴복시켰다. 이 모든 일은 자신의 영광을 위해서가 아니었다. 자신을 통해 하나님의 위대하심을 드러내는 것이 다니엘이 가진 목적이었다. 다니엘 역시 모든 일이 자신의 능력으로 이뤄진 것이 아님을 인정한다. 이 사건은 참된 주인이신 하나님을 자랑한다. 그렇다면 다니엘은 어떻게 이런 삶을 살 수 있었을까?

하나님을 바르게 알라

"나의 조상들의 하나님이여"_단 2:23a

다니엘은 '하나님을 바로 아는 지식'이 있었다. 다니엘의 하나님은 내 입맛대로 만들어 낸 가짜 신이 아니었다. 그는 '나의 조상들의 하나님'이라고 고백한다. 즉, 자기 조상 아브라함 때부터 스스로 누구신지 알려 주신 '하나님의 말씀'을 바탕으로 하나님을 믿었다는 것이다.

다니엘은 바벨론에 포로로 끌려왔다. 전쟁으로 나라를 잃고, 타국에 잡혀 온 신세였다. 즉, 이전에 누리던 자유는 사라졌고, 인종적 차별과 감시가 따랐다. 모든 것은 다니엘의 조상이 하나님을 떠나 우상을 숭배한 결과였다. 그러나 다니엘은 조상들을 원망하며 시간을 허비하지 않았다. 도리어 조상들의 죄를 마치 자신의 죄처럼 끌어안고, 하나님 앞에 회개했다.

"내 하나님 여호와께 기도하며 자복하며 이르기를 크시고 두려워할 주 하나님, 주를 사랑하고 주의 계명을 지키는 자를 위하여 언약을 지키시고 그에게 인자를 베푸시는 이시여"_단 9:4

하나님은 계명을 지키는 자, 하나님 말씀에 순종하는 자를 회복하시는 분임을 믿었기 때문이다. 비록 조상의 죄로 비참한 처지에 놓였으나, 다니엘은 신실하신 하나님이 조상에게 주셨던 약속을 붙잡았다.

우리가 하나님의 은혜를 경험하지 못하는 가장 큰 이유는, 하나님을 바로 알지 못하기 때문이다. 하나님이 어떤 분이신지 알 때, 우리는 하나님을 신뢰할 수 있다. 다니엘은 하나님의 신실하심을 알았다. 현재의 상황에 매몰되지 않고, 하나님의 약속을 믿었다. 우리 역시 약속을 반드시 성취하시는 하나님을 신뢰하는 믿음이 필요하다.

영성의 사람이 되라!

"나의 조상들의 하나님이여 주께서 이제 내게 지혜와 능력을 주시고 우리가 주께 구한 것을 내게 알게 하셨사오니"_단 2:23a

다니엘에게는 세상이 흉내 낼 수 없는 '지혜와 능력'이 있었다. 그런데 이 능력은 자신이 개발한 것이 아닌, 하나님께 부여받은 것이었다. 다니엘은 어떻게 이런 지혜와 능력을 얻을 수 있었을까? 다니엘은 '우리가 구한 것을 내게 알게 하셨사오니'라고 고백한다. 즉, 자신의 지혜와 능력이 기도의 산물임을 고백한다. 다니엘은 기도를 통해 하나님이 주신 능력을 얻었다. 기도로 자신의 영성을 빚어 갔고, 하나님의 거룩한 도구로 자신을 내어 드렸다. 그러자 하나님께서 그에게 지혜와 능력을 주셨다. 지혜의 근본이신 하나님을 붙드는 것이 그 비결이었다.

> "이에 다니엘이 자기 집으로 돌아가서 그 친구 하나냐와 미사엘과 아사랴에게 그 일을 알리고 하늘에 계신 하나님이 이 은밀한 일에 대하여 불쌍히 여기사 다니엘과 친구들이 바벨론의 다른 지혜자들과 함께 죽임을 당하지 않게 하시기를 그들로 하여금 구하게 하니라"
> _단 2:17-18

다니엘은 혼자 기도하지 않았다. 다니엘에게는 함께 기도하는 '기도의 동역자'들이 있었다. 모든 지혜자를 죽이라는 느부갓네살의 횡포를 만난 다니엘은 세 친구에게 기도를 요청한다. 기도의 동역자를 세우고, 기도의 분위기를 만든 것이다.

바른 영성을 가진 사람은 주변의 영적 흐름을 변화시킨다. 개인을 넘어 공동체의 영성을 바르게 세운다. '하나님을 자랑하는 간증' 역시, 내 삶의 나타난 하나님을 자랑하는 것이 목표가 아니다. 나의 간증이 주변의 사람들로 하여금 하나님을 경험하고, 하나님을 간증하는 삶이 되도록 하는 영적 마중물이 돼야 한다.

바른 영성을 지닌 하나님의 선한 도구가 되어라! 하나님이 주신 지혜와 능력으로 공동체의 영적 변화를 일으켜라! 하나님은 나를 통해 가정과 직장이, 또 공동체가 살아나길 원하신다. 공동체에 거룩한 영적 생명력을 불어넣는 영성의 사람이 되어야 한다.

하나님의 하나님 되심을 나타내라

"내가 주께 감사하고 주를 찬양하나이다 곧 주께서 왕의 그 일을 내게 보이셨나이다 하니라"_단 2:23b

다니엘에게 있어 '간증의 목적'은 자신의 명예를 높이는 것이 아니었다. 다니엘은 유명해지기 위해, 더 많은 소유를 위해, 사람들의 인정을 받기 위해 간증하지 않았다. 다니엘은 오직 하나님을 높이기 위해 간증했다.

다니엘은 그가 지닌 지혜와 능력을 자기 것인 양 행세하지 않았다. 느부갓네살왕의 꿈을 깨닫게 해 주신 분이 하나님이시라고 말한다. '주께서 왕의 그 일을 내게 보이셨나이다'라고 하나님의 능력을 고백한다. 이 말은 '내 지혜와 내 능력에는 주인이 따로 계십니다. 이것은 제 것이 아닙니다. 내게 지혜를 주신 하나님이 당신의 꿈을 내게 가르쳐 주셨습니다!'라는 뜻이다. 그 결과 느부갓네살왕의 입에서 "너희 하나님은 참으로 모든 신들의 신이시요 모든 왕의 주재시로다"단 2:47라는 고백이 터져 나오게 되었다.

간증의 핵심은 하나님의 하나님 되심을 드러내는 것이다. 우리 입술에서 나오는 하나님을 향한 찬양이 다른 이의 입술로 전해지게 하는 것이다. 그렇기에 간증에는 힘이 있다. 하나님을 향한 찬양에 능력이 나타난다.

> "어떤 사람은 병거, 어떤 사람은 말을 의지하나 우리는 여호와 우리
> 하나님의 이름을 자랑하리로다"_시 20:7

느부갓네살은 바벨론 제국의 왕이었다. 그에게는 수많은 병거와 신하가 있었고, 그의 한마디에 모든 지혜자가 죽게 될 만큼 권세도 있었다. 그런 그에게 다니엘의 입을 통해 하나님의 위대하심이 전해진다. 하나님의 하나님 되심을 나타내는 간증 앞에 왕의 모든 권력이 실상은 얼마나 초라한 것인지 드러난다. 그리고 느부갓네살왕의 입에서도 하나님을 찬양하는 소리가 울리게 되었다.

간증의 목적은 하나님의 하나님 되심을 나타내는 것이다. 우리 삶에 역사하신 하나님을 향한 찬양이 다른 누군가의 입술에서도 울리게 해야 한다. 하나님의 사람은 하나님의 놀라우신 능력을 전하는 간증의 주인공이 되어야 한다.

【 **D**etermination ㅣ 결심 】

다니엘의 삶은 마치 반전 드라마 같았다. 바벨론의 포로로 끌려왔던 그는 왕의 신임을 받는 총리가 되었다. 모든 지혜자를 죽이라는 느부갓네살왕의 입에서 하나님을 향한 찬양이 울리게 만들었다. 다니엘은 사자 굴에 던져질 것을 알면서도 하나님께 기도했고, 도리어 다니엘을 죽이려던 자들이 사자 굴에 던져지는 놀라운 역사를 경험했다.

또한 다니엘은 '기도의 사람'이었다. 그에게는 하나님을 향한 바른 영성이 있었고, 영성을 통해 하나님이 주시는 지혜와 능력을 경험하며 살았다. 그러나 그는 이 능력을 자신의 것으로 여기지 않았다. 오히려 이 능력으로 하나님의 하나님 되심을 자랑하는 간증의 주인공으로 살았다.

간증은 또 다른 간증을 불러오는 영적 마중물이다. 거룩한 하나님의 사람이 세워질 때, 그 주변에 영적인 변화가 나타난다. 다니엘이 기도할 때 '사드락', '메삭', '아벳느고'라는 기도의 동역자가 세워졌다. 아주 작은 영적 기류의 변화였지만, 결국 이 기도는 느부갓네살왕의 입에서 하나님을 향한 찬양이 울려 퍼지게 만들었다.

우리 하나님은 '역전의 하나님'이시다. 하나님이 일으키시는 이 영적인 반전을 경험하는 인생을 살아가야 한다. 이를 위해 하나님을 바르게 알아야 한다. 내가 원하는 것, 세상적 욕망을 하나님께 투영하지 말라. 하나님의 신실하심을 깨닫고, 하나님 말씀에 순종함으로 하나님의 일하심을 경험하라. 그리고 이를 위해 기도하라! 올바른 믿음을 가지고 기도하는 의인의 기도에 하나님은 응답하신다. 마지막으로, 그 기도의 응답을 간증함으로 또 다른 간증이 울리게 하라! 하나님은 나를 통해 하나님이 어떤 분이신지 세상에 알리길 원하신다. 지금 하나님이 나를 보내신 곳에서 하나님을 간증할 수 있기를 소망한다. 하나님을 높이는 간증의 주인공, 간증의 마중물이 되어라!

【 **E**xercise-guide | 훈련 】

❶ 하나님을 나의 욕망을 성취하기 위한 도구로 생각하고 있진 않은가? 하나님의 거룩한 도구가 되기 위해 무엇을 해야 할지 생각해 보라.

❷ 내 삶에 역사하신 하나님은 어떤 분인가? 나의 하나님이 어떤 분인지 적어 보고, 그 하나님을 다른 누군가에게 간증해 보라.

❸ 내가 속한 공동체의 영적 흐름을 변화시키라. 기도의 동역자를 세우고, 함께 예배하는 모임을 만들라.

다니엘 프로젝트

【 본문암송구절 】

어떤 사람은 병거,
어떤 사람은 말을 의지하나
우리는 여호와
우리 하나님의 이름을 자랑하리로다
시편 20편 7절

【 적용송 】

은혜 / 다니엘의 기도

다니엘의 21가지 영적 DNA를 이식하라!

35년 목회 인생에서 가장 가슴이 뛰었던 적이 언제였을까? 주님께서 하나님 나라에 대한 비전을 보여 주셨을 때다. 주의 영광을 위해 부르심을 받고, 주님의 몸 된 교회를 섬기며, 하나님의 꿈을 심장에 아로새겼을 때다. 주님께서 비전을 주셨을 때 나는 말할 수 없는 환희에 차 주님을 찬양하고 찬양했으며, 기도하고 또 기도했다.

작은 상가에 교회를 개척했던 그때, 하나님은 나에게 우리 교회가 시대의 영성을 이끌어 가고 한국교회에 대안을 제시하며, 다음세대를 세우는 교회가 될 것이라는 비전을 주셨다. 당시로서는 믿기 힘든 이야기였지만, 그 비전을 품고 달려가면서 단 한 번도 말씀과 기도를 소홀히 한 적이 없음을 고백한다. 내가 살아가야 하는 이유가 선명하게 보이는데 어찌 머뭇거릴 수 있겠는가?

나는 죽고 예수가 살아야 할 비전이 선명하게 보이는데 어찌 딴 청을 피울 수 있겠는가?

목회자로 살면서 가장 두려운 것은 역설적으로 주님을 두려워하지 않는 것이다. 하나님을 경외하지 않으면서 하나님의 일을 하는 것만큼 위험한 일이 어디 있을까? 예수님을 사랑하지 않으면서 어떻게 예수 그리스도의 복음을 전할 수 있단 말인가? 성령님의 음성을 듣지 않으면서 성령의 능력을 구하는 것은 어리석고 교만한 일이다. '코람데오'Coram Deo의 삶이 아니면 그 어떤 일도 불가능하다. 하나님 앞에 서 있지 않으면 언제든 공동체는 무너질 수 있다. 그러나 이 모든 수고를 기쁘게 할 수 있도록 하나님이 주신 선물이 있다. 그것이 바로 앞서 말한 '비전'이다.

내게 담임목회를 내려놓는다는 것은, 끝이 아닌 새로운 비전의 시작이다. 주님은 기도하는 심령 가운데 새로운 사역을 위한 미니스트리의 이름을 'DNA'Daniel Next-Generation Accelerator로 정하라는 지혜를 주셨다. 'D'는 상황과 환경에 변함없이 하나님 나라와 의를 위해 믿음으로 분투하는 '다니엘'Daniel을 의미한다. 'N'은 세대와 문화를 뛰어넘어 가장 본질적인 하나님의 꿈을 꾸고 하나님 나라의 일을 해야 할 다음세대, 즉 '넥스트 제너레이션'Next Generation이다. 마지막 'A'는 한국교회가 서로 연합하여 더 높이, 더 멀리 달릴 수 있도록 돕는 '액셀러레이터'Accelerator 사역을 가리킨다.

DNA 미니스트리의 사역 목표는 "다니엘에게 있는 영적 DNA를 다음세대와 목회자에게 접목하여 다시 한번 도약할 수 있도록 만들어 주는 것"이다. 하나님은 이 거룩한 영적 도전에 함께 모여 기도하며 뜨겁게 연합할 사람들을 부르고 계신다. 이에 DNA 미니스트리의 첫걸음인 이 책에 '다니엘이 가진 21가지의 영적 DNA'를 정리했다.

우리가 사는 이 세상은 영적 바벨론의 한복판이다. 하나님의 영광을 가리려는 어둠의 세력이 우리를 찾아와 거세게 도전한다. 이러한 세상 속에서 하나님의 사람이라는 정체성을 갖는 것은 너무나 중요하다. 인생의 문제와 신앙의 문제는 이 정체성이 흔들릴 때 발생하기 때문이다. 이제는 하나님의 사람이라는 정체성 위에 뜻을 정해야 한다. '뜻을 정한다'라는 것은 하나님이 기뻐하시는 뜻대로 평생 살아가기를 다짐한다는 뜻이다. 다니엘의 뜻은 하나님 앞에서의 거룩함이요, 주의 말씀을 따르는 것이었다. 그리고 정체성과 뜻이 만나는 곳에 하나님은 비전이라는 보물을 숨겨 두셨다. 모든 그리스도인이 이 보물을 찾아내길 소망한다.

내가 기도하는 것은 이 책을 통해 다니엘이 가진 영적 DNA가 많은 그리스도인의 심령에 아로새겨지는 것이다. 우리 삶의 거룩한 습관을 통해 하나님을 예배하고 주님의 나라를 세워 가는 것이다. 바벨론 문화가 가득한 이 시대에 하나님께 뜻을 정한 이들이 영적 DNA로 무장된다면 세상을 변화시키는 비전의 그리스도인이 세워질 것이다. 성도 한 사람, 한 사람과 목회자 한 사람, 한 사람이 새로운 심령으로 하나님의 꿈을 이루어 가게 될 것이다. 그래서 모든 그리스도인이 다니엘처럼 하나님과 동행하며, 성령의 임재가 있는 복된 인생을 살게 될 것이다. 이것이 나의 기도제목이요, DNA 사역의 목표이다.

바라기는 이 책을 통해 단순히 지식으로만 다니엘의 영적 DNA를 습득하지 않았으면 한다. 거룩은 삶의 습관으로 자리 잡아야 한다. 비전은 거룩한 영성이 습관화되고 구체화 될 때 더욱 선명해진다. 그렇게만 된다면 당신의 인생은 놀랍게 바뀔 것이다. 하나님은 하나님의 사람이라는 정체성을 가지고 뜻을 정한 사람들을 내버려 두지 않으신다. 반드시 그 사람을 통해 하나님 나라의 비전을 이루어 가신다.

다시 한번 영적 도약을 경험하길 원한다면, 하나님의 꿈이 나의 비전이 되길 원한다면 다니엘의 영적 DNA를 이식하라! 다니엘의 21가지 영적 DNA를 통해 하나님을 더욱 사랑하고, 성령님과 친밀해지는 삶의 원리를 세워 가길 바란다.

다니엘의 영적 DNA를 이식하여 하나님의 영광을 드러내라!

다니엘 프로젝트

초판 1쇄 발행 2024년 2월 15일
초판 2쇄 발행 2024년 2월 26일

지은이   김은호

발행인   김은호
편집인   주경훈
책임 편집   김나예
편집   박선규 권수민 이민경 문은향
디자인   박세미
발행처   도서출판 꿈미
등록   제2014-000035호(2014년 7월 18일)
주소   서울시 강동구 양재대로81길 39, 202호
전화   070-4352-4143, 02-6413-4896
팩스   02-470-1397
홈페이지   http://www.coommi.org
쇼핑몰   http://www.coommimall.com
메일   book@coommimall.com
인스타그램   @coommi_books

ISBN 979-11-93465-12-7 03230

도서출판 꿈미는 가정과 교회가 연합하여 다음세대를 일으키는 대안적 크리스천 교육기관인 사단법인 꿈이 있는 미래의 사역을 돕기 위해 월간지와 교재, 각종 도서를 출간합니다.